westermann

INTRO

Deutsch als Zweitsprache

Arbeitsheft A1
Schule/Deutschland entdecken

Herausgeberinnen:
Gabriele Kniffka
Birgit Neuer

Autorinnen:
Laura Bollmann
Beate Frenzel
Gabriele Kniffka
Birgit Neuer
Laura Rudolphi
Marianne Schöler
Mona Teusch
Zita van Wylick

Beraten durch:
Hannelore Müller
ZfA - Zentralstelle für das Auslandsschulwesen (Ulrich Dronske)

Inhalt Seite

2 Schule

▸ **Orientierung in der Schule**
- ▸ Orientierung in der Schule – Mit Raumbezeichnungen arbeiten 4
- ▸ Internationales Schulfest – Raumbezeichnungen verwenden 6
- ▸ Internationales Büffet – Geldbeträge angeben 8
- ▸ Auf dem Schulhof – Ortsangaben mit Präpositionen 10

▸ **Orientierung im Klassenzimmer**
- ▸ Orientierung im Klassenzimmer – Nomen: Singular und Plural 12
- ▸ Das Klassenzimmer der 8a – Ortsangaben mit Präpositionen 16

▸ **Das brauchst du für die Schule**
- ▸ Schulsachen – Anzahl und Gelbeträge 18

▸ **Ein Tag an einer deutschen Schule**
- ▸ Endlich Schule! – Leseverstehen 22
- ▸ Samanas Stundenplan – Uhrzeiten und Wochentage 24
- ▸ Lernstrategien – Über das Lernen nachdenken 27
- ▸ Besuch von Felix Flott – Tagesabläufe beschreiben 28
- ▸ Begrüßung und Verabschiedung in Deutschland – Über Grußformeln nachdenken 31

▸ **Schulwege**
- ▸ Schulwege – Uhrzeit und Zeitdauer angeben 32
- ▸ Unterwegs in der Stadt – Wege beschreiben 34

▸ **Wir brauchen Regeln**
- ▸ Wir brauchen Regeln – Modalverben verstehen und verwenden 36

▸ **Schulen international**
- ▸ Besondere Schulen in Deutschland – Leseverstehen 40

▸ **Blick in den Fachunterricht – Deutsch**
- ▸ Themenfeld Schuluniform 42
- ▸ Die eigene Meinung begründen 44

Inhalt Seite

3 Deutschland entdecken

- **Eine Tour durch Deutschland**
  - Bülent Ceylan: Fan-Report – Lesen und Zusammenfassen ... 46
  - Berühmte Personen – Eine Biografie erstellen ... 48
  - Ferienprogramm – Datumsangaben machen ... 51
  - Von Mannheim nach Berlin – Eine Reise planen ... 52
- **Deutschland und seine Bundesländer**
  - Deutschland und seine Nachbarländer – Länder beschreiben ... 54
  - Die deutschen Bundesländer – Diagramme erstellen ... 58
- **Naturraum Deutschland**
  - Naturraum Deutschland – Die Großlandschaften kennenlernen ... 62
  - Ein Stadtporträt – Deutsche Städte kennenlernen ... 65
  - Die Ameisen – Mit literarischen Texten umgehen ... 66
  - In Freiburg – Hörverstehen und Perfekt ... 67
  - Grüße von unterwegs – Das Perfekt verwenden ... 68
  - Eine Fahrradtour planen ... 70
- **Arbeitswelten**
  - Auf dem Ehlers-Hof – Hörverstehen ... 72
  - Beim Bauern God – Flächen berechnen ... 74
  - Hofladen – Leseverstehen ... 76
  - Ein Paket kommt an – Abläufe beschreiben ... 78
  - Automobilindustrie in Deutschland – Nicht-lineare Texte ... 80
  - Verkäuferin werden – Hör- und Leseverstehen ... 82
  - Praktikum – Hör- und Leseverstehen ... 83
  - Unternehmen und Ausbildung – Recherchieren ... 84
- **Blick in den Fachunterricht – Geografie**
  - Die drei Wirtschaftsbereiche ... 86

Bild- und Textquellen ... 88

2 Schule

Orientierung in der Schule

1 Schau dir die Bilder an und benenne die Räume.

Mensa

2 Elternsprechtag

Amals Eltern gehen zum Elternsprechtag in die Kastelbergschule. Sie wollen mit vier Lehrern von Amal sprechen: Mit dem Englischlehrer, Herrn Liesebach, mit der Mathematiklehrerin, Frau Kleis, mit dem Biologielehrer, Herrn Nohan, und mit Amals Deutschlehrerin, Frau Fischer.

In welche Räume müssen Amals Eltern gehen?
Lies das Plakat und ergänze den Terminzettel für Amals Eltern.

Elternsprechtag am 02.02.

Lehrerinnen und Lehrer	Raum
Frau Kleis	A106 Musikraum
Herr Spaan	B203 Sekretariat
Frau Meriza	B205 Klassenraum 7d
Herr Yeter	A108 Technikraum
Frau Haberkorn	B210 Klassenraum 8b
Frau Fischer	B207 Kunstraum
Frau Özkanat	A107 Erdkunderaum
Herr Mahoul	A109 Physikraum
Frau Seidel	B208 Klassenraum 10a

Lehrerinnen und Lehrer	Raum
Herr Nohan	A104 Klassenraum 5a
Herr Große-Lembeck	B204 Sporthalle
Frau Kus	B206 Klassenraum 6b
Herr Voicu	A111 Bücherei
Herr Liesebach	B209 Klassenraum 9c
Herr Neumann	A112 Klassenraum 7c
Frau Wlochinski	A110 Klassenraum 8a
Frau Matusak	A105 Cafeteria

Terminzettel für den Elternsprechtag

Herr und Frau Sedikki

15:45 Uhr – Herr Liesebach

Fach: Englisch ______ *Raum:* ______

16:30 Uhr – Frau Kleis

Fach: ______ *Raum:* ______

16:45 Uhr – Herr Nohan

Fach: ______ *Raum:* ______

17:00 Uhr – Frau Fischer

Fach: ______ *Raum:* ______

3 Der? Die? Das?
Ordne die Wörter im Kasten nach ihrem Genus.

GR ▶S. 193–194

~~Sekretariat~~ Aula Kiosk Chemieraum Turnhalle Mensa
Toilette Etage Lehrerzimmer Biologieraum Erdgeschoss

der	die	das
		Sekretariat

Internationales Schulfest

An der Kastelbergschule ist Schulfest. Es hat das Thema „Viele Kulturen unter einem Dach“. Viele Schülerinnen und Schüler haben das Fest vorbereitet. Sie haben das Büffet organisiert oder in ihren Gruppen für ihre Präsentationen geübt.

▸ **1 a Lies das Programm für das Schulfest.**

Programm

Begrüßung
durch Frau Oder-Momsen
10.00 Uhr
Aula

Internationales Büffet
10.30–16.00 Uhr
Mensa

Tänze aus aller Welt
10.30–11.00 Uhr
14.30–15.00 Uhr
Aula

In 80 Minuten um die Welt mit der Theater-AG
11.00–11.45 Uhr
15.00–15.45 Uhr
Kunstraum

Brücken bauen durch Musik mit der Schulband *Ananse*
11.45–12.45 Uhr
15.15–16.00 Uhr
Musikraum

Samstag
4. November
von 10.00–16.00 Uhr

Mode von der Abaya bis zum Zylinder
15.00–15.45 Uhr
Raum A 104

Chor *Kanon International*
12.00–12.30 Uhr
14.30–15.00 Uhr
Aula

Spiele ohne Grenzen
12.00–13.00 Uhr
15.00–16.00 Uhr
Sporthalle

Schattenspiele
10.45–11.15 Uhr
15.15–15.45 Uhr
Erdkunderaum

Märchen aus 1001 Nacht
11.00–11.30 Uhr
15.15–15.45 Uhr
Bücherei

Bihad hat seine Freunde zum Schulfest eingeladen. Sie schauen im Programm nach, in welchen Räumen sie die Angebote finden.

▸ **b Wo ist was? Trage in die Tabelle ein.**

Angebot	Begrüßung	Internationales Büffet			
Raum	in der Aula				

Angebot			
Raum			

Angebot			
Raum			

2 a Lies das Gespräch zwischen Bihad und seinen Freunden.

Charda: Guckt euch mal das Programm an! Da gibt es ja tolle Angebote.
Anna: Stimmt. Das klingt super. Ich weiß schon, wohin ich gehe. Ich finde Märchen aus 1001 Nacht gut. Da gehe ich hin.
Nour: Ich spiele auch in einer Band und möchte mir die Schulband anhören. Kommt noch jemand mit?
Salomo: Du, der Name von der Band klingt schon super. Da komme ich mit.
Rabia: Ich finde Spiele ohne Grenzen interessant. Das schaue ich mir an.
Bihad: Das ist bestimmt interessant, aber ich gehe zur Theater-AG. „In 80 Tagen um die Welt" klingt gut!
Murad: Das finde ich auch interessant, aber ich gehe doch lieber zu den Tänzen aus aller Welt. Vielleicht kann man da auch selber tanzen, das mache ich so gerne.
Damaris: Ich singe immer mit meiner Familie. Ich gehe zum Chor. „Kanon International" heißt doch bestimmt, dass sie dort Lieder aus aller Welt singen.
Kamila: Ich habe als kleines Mädchen gerne Schattenspiele gemacht. Das gucke ich mir an.
Charda: Gut, wenn wir alle zu einer anderen Präsentation gehen, dann müssen wir aber einen Treffpunkt ausmachen. Treffen wir uns am Internationalen Buffet?

Alle sind damit einverstanden und gehen los.

b Wer geht wohin? Verbinde.

Anna	Tänze aus aller Welt
Kamila	Spiele ohne Grenzen
Bihad	Märchen aus 1001 Nacht
Charda	Brücken bauen durch Musik mit der Schulband *Ananse*
Murad	Mode von der Abaya bis zum Zylinder
Damaris	Internationales Buffet
Nour	In 80 Tagen um die Welt mit der Theater-AG
Rabia	Schattenspiele
Salomo	Chor *Kanon International*

c Welches Angebot findest du interessant? Schreibe auf.

____

____

d Wo treffen sich Aaron und seine Freunde später? Schreibe auf.

____

____

Internationales Büffet

Beim internationalen Schulfest in der Kastelbergschule sind Noura und Saria dafür verantwortlich, die Einnahmen des internationalen Büffets aufzuschreiben. Die anderen Schülerinnen und Schüler berichten, was sie verkauft haben und wie viel sie eingenommen haben.

1 Lies die Texte.

Ekaterina aus Russland:
Wir haben russische Teigtaschen verkauft. Das Rezept ist von meiner Oma. Die Teigtaschen haben pro Portion 3 € gekostet. Insgesamt haben wir 26 Portionen verkauft.

Missagh und Haiag aus dem Irak:
Kubba ist ein traditionelles Gericht aus Getreide und Fleisch. Viele Gäste haben bei uns gegessen. Wir haben 30 Portionen verkauft. Eine Portion hat 1,50 € gekostet.

Kaltrina aus Algerien:
Unser Couscous-Salat war sehr beliebt. Wir haben alles verkauft. Damit haben wir 55 € eingenommen.

Tyron aus dem Sudan:
Das Nationalgericht aus meiner Heimat ist Ful. Ful besteht aus Favabohnen. Man kocht daraus einen dicken Brei. Häufig vermischt man Ful mit Zwiebeln und Tomaten. Ich habe insgesamt 42 € eingenommen.

Larien aus dem Jemen:
Unser arabischer Grießkuchen nennt sich Basbousa. Diese traditionelle arabische Nachspeise wird mit Grieß, Joghurt und Sirup zubereitet. Mit dem Verkauf haben wir 56 € eingenommen.

Aleyna aus der Türkei:
Unser türkischer Tee kam richtig gut an: Wir haben 58,50 € eingenommen.

Aleksa und Lazar aus Serbien:
Pasulj ist eine serbische Bohnensuppe. Mit ihr haben wir heute 48 € verdient. Alle haben gesagt, sie war sehr lecker. Das war toll!

Lya und Shaba aus dem Iran:
Wir haben iranische Plätzchen verkauft. Wir nennen sie Külçe. Wir haben 25 Packungen für jeweils 3 € verkauft.

2 a Welche Speisen und welche Getränke werden verkauft? Trage in die Tabelle ein.
Hinweis: Manche Felder bleiben frei.

b Wie viel Geld wird insgesamt eingenommen? Berechne. 1+2=

c Vervollständige den Antwortsatz.

Welche Speise?	Wie teuer?	Wie viel verkauft?	Rechnung	Wie viel Geld nehmen sie ein?
Kubba	1,50 €	30 Portionen	1,50 € • 30 = 45,00 €	45,00 €

Sie haben insgesamt ______________________ € eingenommen.

Auf dem Schulhof

S. 200–201 ◂ GR Es ist Pause und alle Kinder sind auf dem Schulhof.

1 a Schau dir die Bilder an und lies die Sätze.

Eine Maus ist **neben** der Frau.

Die Bälle sind **über** dem Jungen.

Drei Mädchen sitzen **auf** der Bank.

Das Mädchen sitzt **vor** dem Baum.

Der Müll ist **in** dem Eimer.

Das Mädchen steht **hinter** dem Tor.

b Welche Präposition passt? Ergänze das Schema.

neben über ~~auf~~ vor in hinter

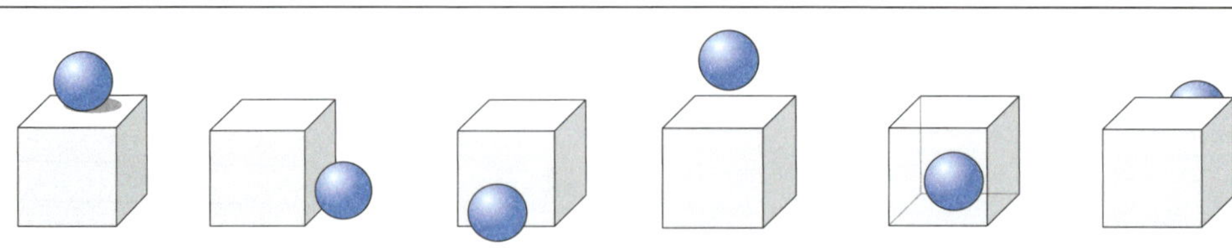

auf ______ ______ ______ ______ ______

c Was passiert noch? Ordne die Situationen a bis f den Sätzen zu.

1. b Die Blumen sind **in** der Erde.
2. _____ Der Turnbeutel liegt **auf** dem Dach.
3. _____ Das Mädchen ist **hinter** dem Jungen.
4. _____ Der Junge steht **vor** der Mädchentoilette.
5. _____ Der Ballon ist **über** dem Dach.
6. _____ Das Mädchen steht **neben** dem Mülleimer.

d Schau dir das Bild noch einmal an. Ergänze in den Sätzen die Präpositionen.

auf in neben über vor

1. Die Kinder sitzen ______________________________ der Treppe.
2. Die Bälle sind ______________________________ dem Wagen.
3. Der Junge steht ______________________________ dem Klettergerüst.
4. Die Uhr hängt ______________________________ der Schultür.
5. Der Vogel sitzt ______________________________ dem Blumenbeet.

S. 194 ◀ GR

Orientierung im Klassenzimmer

▶ **1 Die Klasse 8b möchte ihr Klassenzimmer schöner machen. In der Pause sprechen Maryam und ihre Freunde darüber. Wer hat welche Idee? Lies den Dialog und schreibe die passenden Namen unter die Bilder.**

Maryam:
Also, in meinem Traumklassenzimmer muss es Laptops geben. Für jeden Schüler einen. Immer nur in Hefte schreiben ist doof!

Tabea:
Ja, das wär' cool! Das Klassenzimmer soll auch bunt sein, mit vielen Blumen. Aber bitte keine Pflanzen. Die sind nur grün. Langweilig!

Adnan:
Oh ja, das sieht bestimmt schön aus! Wir brauchen auch Regale für unsere Bücher. Die alten Schränke sehen richtig hässlich aus.

Jana: Super Idee. Auch die Stühle müssen weg. Die sind viel zu unbequem. Aber Sofas wären cool – zum Chillen!

2 Welche Dinge finden die Schülerinnen und Schüler gut? Welche finden sie schlecht? Markiere in den Sprechblasen und schreibe in die Tabelle.

	Was finden die Schüler/innen gut?	Was finden die Schüler/innen schlecht?
Maryam	Laptops	Hefte
Tabea		
Adnan		
Jana		

3 Wie heißt der Plural?

a Schreibe die Nomen im Plural auf die Linien.

GR ▸ S. 194

	Singular		Plural
	der Laptop		die Laptops
	das Heft		
	die Pflanze		
	die Blume		
	das Regal		
	der Schrank		
	der Stuhl		
	das Sofa		

b Was verändert sich im Plural? Markiere wie im Beispiel.

4 Hier siehst du weitere Nomen im Singular und im Plural. Was verändert sich? Markiere wie im Beispiel.

der Tisch
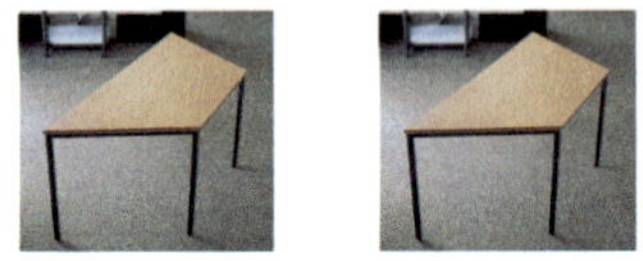
die Tische

der Stift

die Stifte

die Uhr

die Uhren

die Tafel

die Tafeln

das Radiergummi

die Radiergummis

die Schultasche
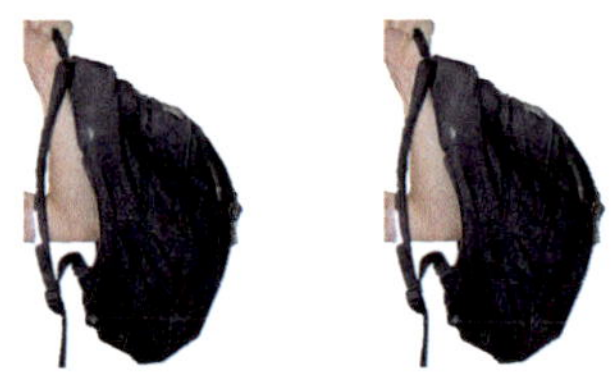
die Schultaschen

5 Ordne die Nomen aus Aufgabe 4 in die Säcke ein. Jeder Sack steht für eine Pluralendung. Das sind nicht alle Endungen für den Plural im Deutschen, aber einige der häufigsten.

+ e
der Tisch → die Tische
der Schrank → die Schränke

+ (e)n
die Pflanze → die Pflanzen

+ s
der Laptop → die Laptops

Bei manchen Nomen ändert sich im Plural der Vokal. Das nennt man **Umlaut**:
der Schrank → die Schränke

Tipp:
Der Plural von Nomen steht auch im Wörterbuch:
Heft, das; -[e]s, -e

6 **Finde für jeden Sack ein weiteres Nomen. Zeichne den Gegenstand und schreibe das Nomen zusammen mit dem Artikel im Singular und im Plural auf die Linien.**

	Singular	Plural

7 **Was wünschst du dir in deinem Traumklassenzimmer? Schreibe mit jeder Formulierung aus dem Kasten einen Satz auf.**

Ich wünsche mir …
In meinem Traumklassenzimmer haben die Schülerinnen und Schüler …
In meinem Traumklassenzimmer ist/sind …

S. 200 – 201 ◀ GR

Das Klassenzimmer der 8a

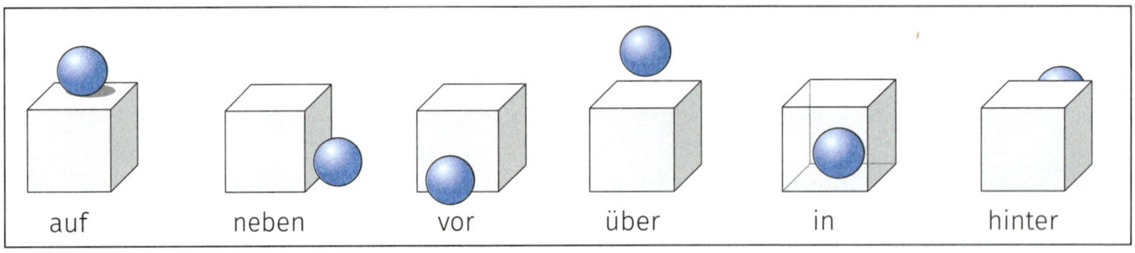

1 Lies die Sätze. Markiere die Präpositionen.

Das Buch liegt auf dem Tisch.

Die Lehrerin steht vor der Tafel.

Die Schultasche ist neben dem Tisch.

Das Heft liegt in dem Regal.

Der Schüler steht hinter dem Stuhl.

2 Was ist wo? Lies die Sätze noch einmal. Zeichne passend in das Bild.

3 Wo ist ...? Schreibe auf. Verwende die Redemittel aus dem Kasten.

auf ~~dem~~ Tisch vor der Tafel in der Klasse
neben dem Tisch über der Tür hinter der Schultasche

Wo liegt das Buch?

Das Buch liegt auf dem Tisch.

Wo ist die Schultasche?

____

Wo liegt der Schwamm?

____

Wo sitzen die Schüler?

____

Wo liegt das Mäppchen?

____

Wo hängt die Uhr?

____

Schulsachen

Nejma geht mit ihrer Mutter Schulsachen kaufen. Vorher schauen sie sich einen Prospekt des Supermarktes an.

1 Ordne die Wörter aus dem Kasten passend zu. Trage sie auf den Linien ein.

der Schulranzen | die Federmappe | der Deckfarbkasten | der Buntstift | die Hefthülle | ~~das Pinselset~~ | der Klebestift | der Zeichenblock | das Heft | der Tintenlöscher

das Pinselset

2 Was kostet …?
Schreibe die Preise für die Materialien auf.

Der Schulranzen kostet 79, 99 €

Der Buntstift kostet

Der

1 € = 100 ct	sprich: ein Euro gleich einhundert Cents
2,73 €	sprich: zwei Euro dreiundsiebzig (Cents)

3 a Das braucht Nejma. Ordne die Bilder passend zu.

6 Hefte
12 Buntstifte
2 Zeichenblöcke
6 Hefthüllen
2 Klebestifte
1 Tintenlöscher

b Schreibe den Einzelpreis und die benötigte Menge in die Lücke.

c Berechne dann den Preis für die benötigte Menge.

1) Ein Heft kostet 0,89 €.

Nejma braucht 6 Hefte.

Sechs Hefte kosten 5,34 €.

2) Ein Buntstift kostet ____________________.

Nejma braucht ____________________.

Zwölf Buntstifte kosten ____________________.

3) Ein Zeichenblock kostet ____________________.

Nejma braucht ____________________.

Zwei Zeichenblöcke kosten ____________________.

4) Eine Hefthülle kostet ____________________.

Nejma braucht ____________________.

Sechs Hefthüllen kosten ____________________.

5) Ein Klebestift kostet ____________________.

Nejma braucht ____________________.

Zwei Klebestifte kosten ____________________.

6) Ein Tintenlöscher kostet ____________________.

Nejma braucht nur ____________________.

d Was kostet alles zusammen? Berechne die Summe.

5,34 € (Hefte)

+ ______ (Buntstifte)

+ ______ (Zeichenblöcke)

+ ______ (Hefthüllen)

+ ______ (Klebestifte)

+ ______ (Tintenlöscher)

______ €

Die Schulsachen kosten zusammen ____________________.

Nejma und ihre Mutter haben schon viel im Einkaufswagen. Nejma sagt ihrer Mutter, was sie schon haben und was noch fehlt.

4 a Ergänze.

Das ist schon im Einkaufswagen:

der Tintenlöscher ______________________

____

____

Das fehlt noch: ______________________

____

____

b Schreibe.

Was hat Nejma schon?

Nejma hat schon ______________________

____

____

____

Nejma hat ...	... den Bleistift (m).
Neima braucht ...	... die Schere (f).
	... das Lineal (n).
	... die Bleistifte (m, Pl.).
	... die Scheren (f, Pl.).
	... die Lineale (n, Pl.).

Was braucht Nejma noch?

Nejma braucht noch ______________________

____

____

____

Endlich Schule!

1 a Lies den Text und schau dir das Bild an.

Samana erzählt von ihrem ersten Tag an der neuen Schule:

„Hallo! Ich heiße Samana und bin 11 Jahre alt. Heute ist mein erster Tag an der neuen Schule.

Ich gehe jetzt auf die Gesamtschule, in die Klasse 5d. In meiner Klasse sind 29 Kinder! Ich kenne aber nur 5 davon aus der Grundschule.

Das ist sehr aufregend, denn das Gebäude ist viel größer als das meiner alten Schule. Hier gibt es auch mehr Schüler. Meine 2 Brüder sind auch hier auf der Schule.

Es ist auch aufregend, weil wir 5er die Jüngsten sind.

Aber es ist auch schön. Meine Eltern haben mir eine neue Schultasche gekauft. Das ist cool!"

b Entscheide: Richtig oder falsch? Kreuze an.

Es geht um...	richtig	falsch
... Samanas letzten Schultag an der Grundschule.	○	○
... Samanas Erlebnisse in den Sommerferien	○	○
... Samanas ersten Tag an der Gesamtschule.	○	○

2 a Lies die Fragen.

b Markiere die gesuchten Informationen im Text.

c Ergänze die Lücken.

Wie alt ist Samana? Samana ist 11 Jahre alt.

In welche Klasse geht Samana? Samana geht in die _____ Klasse.

Wie viele Kinder sind in Samanas Klasse? Es gehen _____ Kinder in Samanas Klasse.

Wie viele Kinder kennt Samana in ihrer Klasse? Samana kennt in ihrer Klasse _____ Kinder.

Wie viele Brüder hat Samana? Samana hat _____ Brüder.

3 Samana ist aufgeregt. An ihrer neuen Schule sind viele Dinge neu.

a Was ist richtig? Kreuze an.

- Das Gebäude ist größer. ☐
- Die Schule ist in einer anderen Stadt. ☐
- Das Gebäude ist schöner. ☐
- Es gibt mehr Schülerinnen und Schüler. ☐
- Samana hat ein neues Fahrrad. ☐
- Die Kinder aus ihrer Klasse sind jünger als die anderen. ☐
- Sie hat eine neue Schultasche. ☐
- Samana hat neue Freunde. ☐

b Erinnerst du dich an deinen ersten Tag an der neuen Schule? Schreibe auf, was für dich neu war. Verwende die Redemittel aus dem Kasten.

Die Schultasche Das Gebäude Der Schulweg Das Fach Die Klassenlehrerin	war	neu. gut. schön. toll. riesig. ungewohnt. fremd. aufregend. beängstigend. doof. schwer.
Die Kinder Die Räume	waren	

____

____

____

4 Wie findet ihr eure Schule. Sprecht darüber.

Ich finde den Schulhof riesig.

Den Schulhof mag ich. Die Busfahrt finde ich aufregend.

Samanas Stundenplan

▶ **1 Schau dir die Grafiken an.**

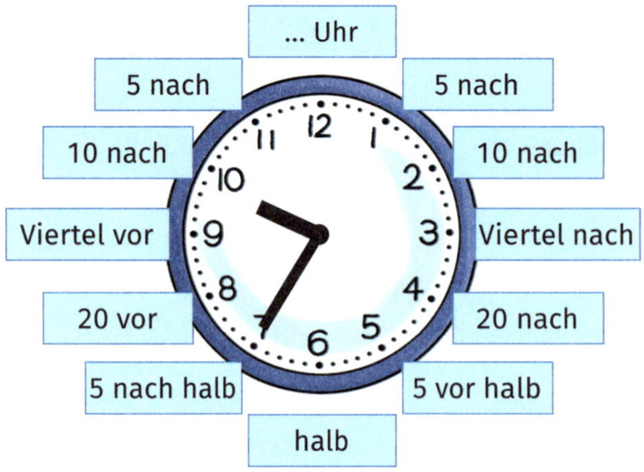

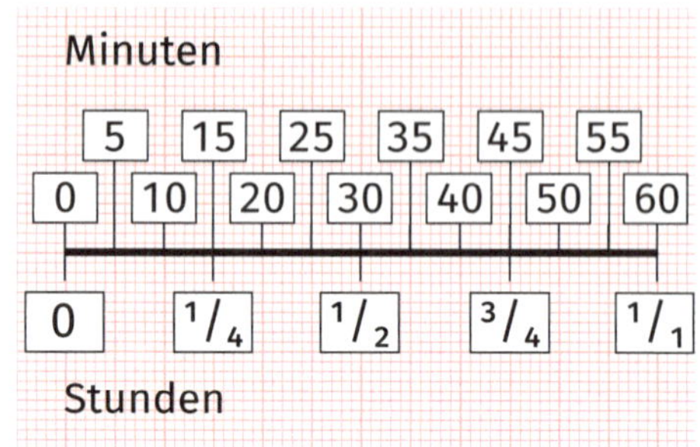

▶ **2 An ihrem ersten Schultag bekommt Samana auch ihren neuen Stundenplan. Schau dir den Stundenplan an. Wann hat Samana welches Fach?**

	Zeit	Montag	Dienstag	Mittwoch	Donnerstag	Freitag
1.	8.00 h– 8.45 h	Englisch	Deutsch	Englisch	Sport	Englisch
2.	8.50 h– 9.35 h			Mathematik		
	9.35 h– 9.55 h	**Pause**				
3.	9.55 h–10.40 h	Gesellschafts-lehre	Mathematik	NaWi	Musik	Mathematik
4.	10.45 h–11.30 h					
	11.30 h–11.50 h	**Pause**				
5.	11.50 h–12.35 h	Deutsch	Sport	Technik	Übungs-stunde	Deutsch
6.	12.40 h–13.25 h					Klassenrat
7.	13.25 h–14.10 h	**Mittagspause**				
8.	14.10 h–14.55 h	Religion/Ethik		AG	Kunst	
9.	14.55 h–15.40 h					

3 a Schau dir die Uhren an und lies die Uhrzeiten.

8 Uhr 15
Viertel nach 8

8 Uhr 30
halb 9

8 Uhr 45
Viertel vor 9

b Schau dir die Uhren an und schreibe die Uhrzeiten auf.

____

____

____

____

____

____

4 a Lies die Fragen und vergleiche mit Samanas Stundenplan.

b Entscheide: Ist die Uhrzeit richtig oder falsch? Kreuze an.

c Schreibe die richtigen Uhrzeiten auf.

Frage	Uhrzeit	richtig	falsch	So ist es richtig
Wann beginnt die Schule?		○	⊗	Um 8 Uhr.
Wann beginnt die 2. Pause?		○	○	
Wann beginnt die 3. Stunde?		○	○	
Wann endet die Mittagspause?		○	○	

5 Wann hat Samana was? Vervollständige die Lücken.

Mathematik hat Samana am Dienstag, Mittwoch und Freitag ______.

Deutsch hat Samana am ______.

Sport hat Samana am ______.

Übungsstunde ist am ______.

Die AG ist am ______.

An zwei Tagen ist schon früher Schluss: Am ______ und am ______ kann Samana schon um ______ nach Hause.

6 a Wie sieht dein Stundenplan aus? Trage deinen eigenen Stundenplan ein.

Zeit	Montag	Dienstag	Mittwoch	Donnerstag	Freitag

b Beantworte die Fragen.

1) Wann beginnt die Schule? Die Schule beginnt um ______.

2) Wann beginnt die 1. Pause? Um ______.

3) Wann endet die Mittagspause? ______.

4) An welchen Tagen hast du Englisch? Am ______

______.

6) Wann endet die Schule am Freitag? ______.

7) Was ist dein Lieblingsfach? Mein Lieblingsfach ist ______.

8) An welchen Tagen hast du dein Lieblingsfach? ______

______.

Lernstrategien

Nihad möchte Deutsch lernen. Manchmal weiß er nicht, wie er alles in seinen Kopf kriegen soll. Mit seinen Mitschülern spricht er darüber, was beim Deutschlernen hilft.

Nihad: Wie lernt ihr am besten Deutsch? Habt ihr Tipps für mich?

1 a Lies die Antworten und schau dir die Bilder an. Welches Bild passt zu welcher Antwort? Ordne zu.

Birhat: Ich höre Radio oder deutsche Lieder.

Ludvig: Ich gucke Filme und Serien auf Deutsch.

Mahmut: Alle 40 Minuten mache ich eine Pause und gehe nach draußen.

Farid: Mir hilft es, Deutsch mit meiner Muttersprache zu vergleichen.

Nicolas: Ich gehe zwei Mal in der Woche zum Fußballtraining. Da kann ich viel Deutsch mit den anderen Kindern sprechen.

Maryam: Ich schreibe mir bunte Lernzettel.

deutsch	kroatisch
der Apfel (maskulin)	jabuka (feminin)

b Welche Ideen findest du gut? Markiere sie.

c Wie lernst du Deutsch? Schreibe auf.

____

____

d Berichte in der Klasse.

Ich … höre Radio.
gucke Filme.
mache regelmäßig Pausen.
vergleiche Deutsch mit meiner Muttersprache.
wechsle zwischen Lernen und Bewegung .
male Bilder.
….

Besuch von Felix Flott

Felix Flott, ein Profifußballspieler, besucht seine alte Schule in Gelsenkirchen, die Gesamtschule Berger Feld.

Alle Schülerinnen und Schüler möchten wissen, wie Felix vor einem wichtigen Spiel seinen Tag verbringt. Sie haben Fragen für ihn vorbereitet und machen ein Interview.

▶ **1 a Lies die Fragen und die Antworten.**

1	Schülerin:	Felix, wann stehst du auf?
	Felix Flott:	Vor einem wichtigen Spiel stehe ich um 8.30 Uhr auf.
2	Schüler:	Was machst du dann?
	Felix Flott:	Um 9.00 Uhr frühstücke ich.
3	Schüler:	Wann beginnst du mit dem Training?
	Felix Flott:	Ich beginne mein Training mit Dehnübungen um 10.30 Uhr.
4	Schülerin:	Und wann machst du Pause?
	Felix Flott:	Um 12.30 Uhr haben wir meistens eine Pressenkonferenz
5		und danach gehen wir zum Mittagessen, meistens gegen 13.30 Uhr.
6	Schülerin:	Ja, aber wann hast du Pause?
	Felix Flott:	Von 15.00 – 17.00 Uhr habe ich Pause.
7	Schüler:	Und was machst du danach?
	Felix Flott:	Um 17.00 Uhr gehe ich zur Massage
8		und dann um 18.00 Uhr gibt es Abendessen.
9	Schülerin:	Wie lange dauert das Abendessen?
	Felix Flott:	Um ca. 19.30 Uhr sind wir mit dem Abendessen fertig. Dann haben wir noch eine kurze Teambesprechung.
10		Und so um 21.00 Uhr gehe ich schlafen.

▶ **b Ordne die Aktivitäten den Bildern zu. Trage die Nummern ein.**

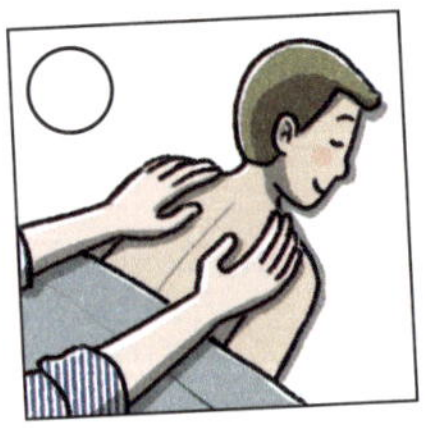

c **Wann macht Felix Flott was? Zeichne die Zeiger passend in die Uhren ein und trage die Zeiten in die Tabelle ein.**

Uhr	Wann?	Was?
	8.30 Uhr	aufstehen
		frühstücken
		Dehnübungen
		Pressekonferenz
		Mittagessen
		Pause
		Massagen
		Abendessen
		Teambesprechung
		schlafen gehen

Tipp:
Es kann das Subjekt an erster Stelle stehen, aber auch die Zeitangabe:
Felix Flott steht um ... Uhr auf.
Um ... Uhr steht Felix Flott auf.

d **Beschreibe Felix Flott Tagesablauf. Verwende die Informationen aus der Tabelle und die Wörter aus dem Kasten.**

frühstückt　geht ... schlafen　geht ... zur Massage
hat ... Pressekonferenz　hat ... Teambesprechung
isst ... Abendessen　isst ... zu Mittag　macht ... Dehnübungen
macht ... Pause　~~steht ...~~ auf

Felix Flott steht um 8.30 Uhr auf. Er

2 a Wie sieht dein Tagesablauf aus? Ergänze, was die Digitaluhr anzeigt.

Wann stehst du auf?	:
Wann frühstückst du?	:
Wann gehst du in die Schule?	:
Wann beginnt die Schule?	:
Wann endet die Schule?	:
Wann kommst du nach Hause?	:
Wann machst du deine Hausaufgaben?	:
Wann gehst du ins Bett?	:

b Beschreibe jetzt deinen Tagesablauf.

Ich stehe um ______ Uhr auf.

Ich ... stehe auf,
frühstücke,
gehe zur Schule,
komme nach Hause,
mache meine Hausaufgaben,
gehe ins Bett.

Begrüßung und Verabschiedung in Deutschland

1 a Schau dir die Redemittel in den Sprechblasen an und markiere.
Was sagen die Deutschen zur Begrüßung?
Was sagen die Deutschen zum Abschied?

Guten Tag!

Auf Wiedersehen!

Guten Morgen!

Hallo!

Tschüs!

Guten Abend!

Gute Nacht!

b Ordne die Grüße den Uhrzeiten zu.
Beachte: Manche Grüße werden zu mehreren Zeiten genutzt. Manche passen immer.

9:00	13:00	16:00
____________	____________	Guten Tag!
Auf Wiedersehen!	____________	____________

19:00	23:00	immer
____________	____________	____________
____________	____________	____________

c Buchstabensalat: Ordne die Buchstaben und schreibe die Grüße auf.

OLAHL	UTGNE ORMEGN	NTEGU ATG
____________	____________	____________
FAU SHNEWEIDERE	TSÜSCH	NTEGU ADEBN
____________	____________	____________

Schulwege

Die Schülerinnen und Schüler der Klasse 7c unterhalten sich über ihre Schulwege.

1 a Lies die Sprechblasen.

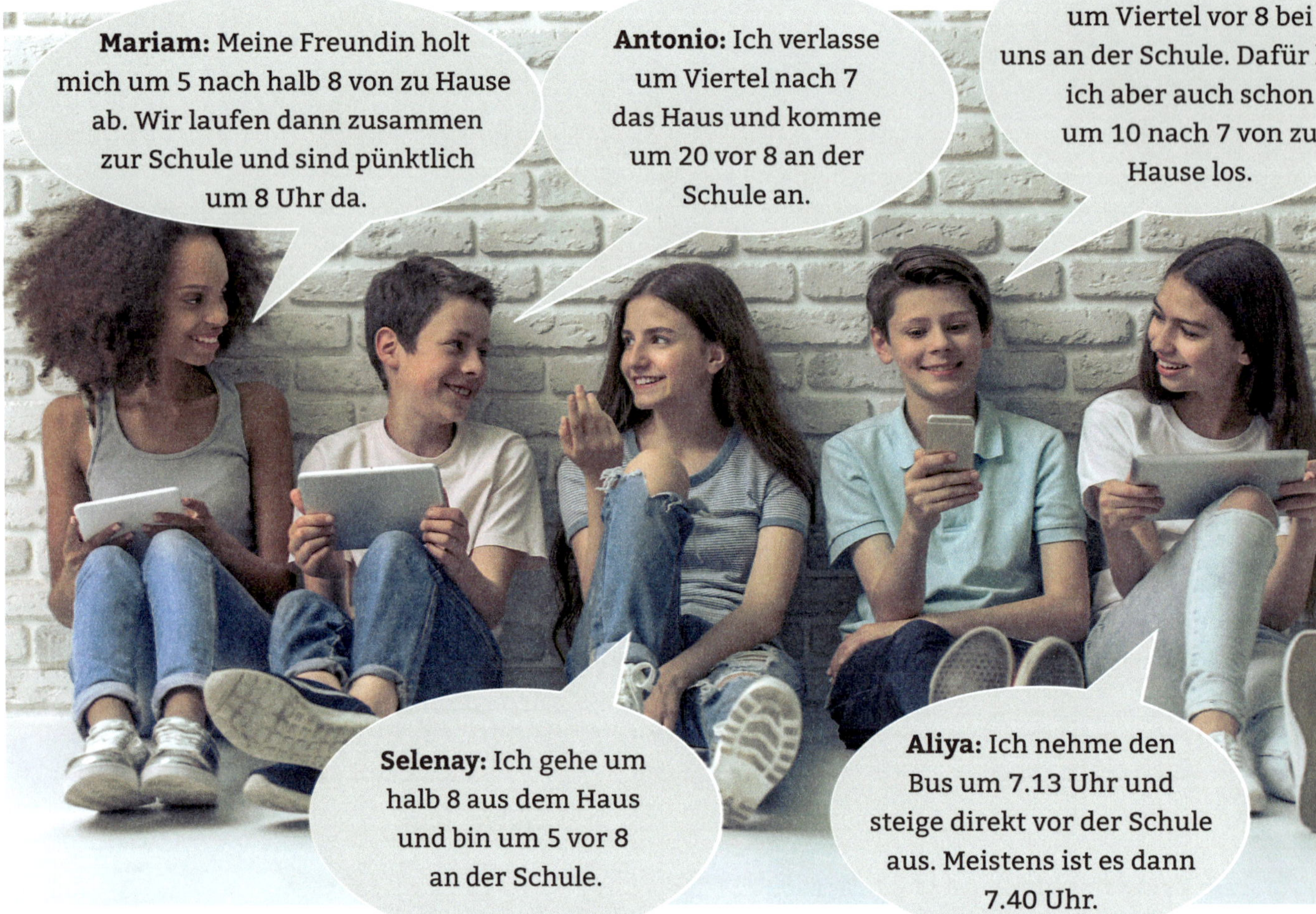

1+2=

b Berechne und entscheide: Richtig oder falsch? Kreuze an.

Wie lange brauchen die Schülerinnen und Schüler für den Schulweg?	**richtig**	**falsch**
Aliya braucht 27 Minuten.	○	○
Mariam braucht eine halbe Stunde.	○	○
Armin braucht eine ¾ Stunde.	○	○
Selenay braucht eine Viertel Stunde.	○	○
Antonio braucht 25 Minuten.	○	○

2 Wie lange brauchst du für deinen Schulweg? Schreibe in die Sprechblase.

Endlich Schulschluss! Fünf Schülerinnen und Schüler unterhalten sich.

3 a Lies die Sprechblasen.

Saladdin: Meistens nehme ich den Bus um 14.55 Uhr und bin dann 25 Minuten unterwegs.

Rosil: Ich muss einmal umsteigen. Von der Schule bis nach Hause brauche ich insgesamt eine ¾ Stunde.

Mehry: Wenn ich mich beeile, dann bin ich in einer Viertel Stunde zu Hause.

Faatima: Zu Fuß brauche ich etwa 25 Minuten.

Eda: Mit dem Bus brauche ich 25 Minuten. Er fährt um 14.42 Uhr an der Schulbus-haltestelle ab.

b Schulschluss ist um 14.35 Uhr. Entscheide: Richtig oder falsch? Kreuze an.

Wann sind Aarons Klassenkameraden zu Hause?	richtig	falsch
Mehry ist um 14.40 Uhr zu Hause.	○	○
Faatima ist um 15.05 Uhr zu Hause.	○	○
Saladdin ist um halb 5 zu Hause.	○	○
Rosil ist um Viertel nach 3 zu Hause.	○	○
Eda ist um 15.07 Uhr zu Hause.	○	○

4 Wie lange brauchst du für deinen Heimweg? Schreibe in die Sprechblase.

Unterwegs in der Stadt

Anne und Eda spielen ein Telefonquiz. Anne beschreibt, wo sie hergeht. Eda hat eine Karte und soll herausfinden, was Annes Ziel ist. Dann ist Eda an der Reihe.

1 a Lies Annes Wegbeschreibung.

Ich stehe am Bahnhof.
Ich gehe auf der Bahnhofstraße und überquere die Alte Landstraße.
Ich gehe weiter bis zur Kreuzung.
Dort biege ich rechts in die Schulstraße ab.
Nach ein paar Metern ist mein Ziel auf der linken Seite.

b Zeichne den Weg in die Karte ein.

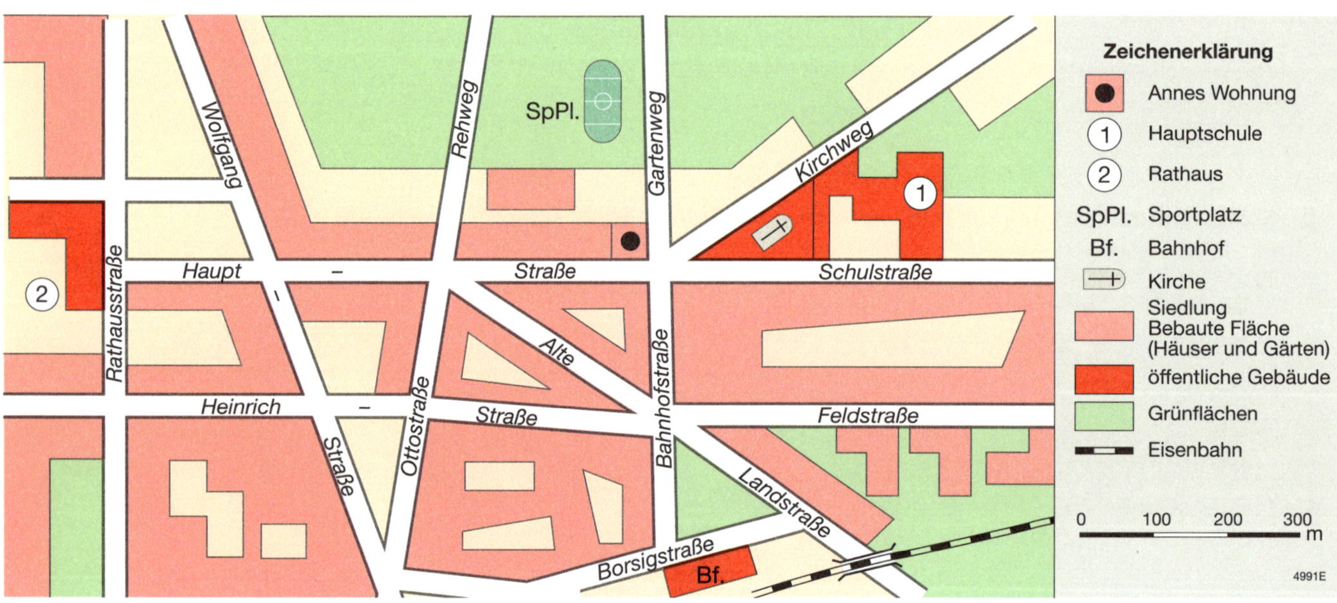

c Was ist Annes Ziel? Schreibe auf.

____

2 Ergänze die Lücken in Edas Wegbeschreibung. Nutze die Redemittel im Kasten unten.

Ich bin in der Rathausstraße ____________________.

Zuerst ____________________ ich die Rathausstraße entlang bis zur Heinrichstraße. Da biege ich rechts ab und gehe ____________________ zur Wolfgangstraße.

Ich ____________________ noch einmal rechts ____________________.

Danach biege ich in die erste ____________________ auf der linken Seite.

Mein ____________________ befindet sich in der Borsigstraße.

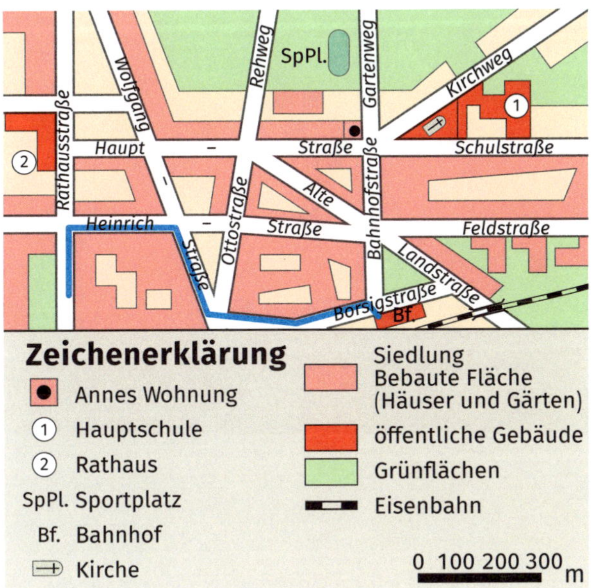

biege ... ab	bis	gehe	Straße
vor dem Kino	Ziel		

Eda möchte wissen: Wie kommt man vom Rathaus zum Sportplatz? Doch die Wegbeschreibung ist durcheinandergeraten.

3 Ordne die Sätze.

◯ Zuerst geht man die Hauptstraße entlang.

◯ Das Ziel ist auf der linken Seite.

◯ Man steht vor dem Rathaus.

◯ Man überquert die Wolfgangstraße und die Ottostraße.

◯ Dann biegt man links in den Gartenweg und geht geradeaus weiter.

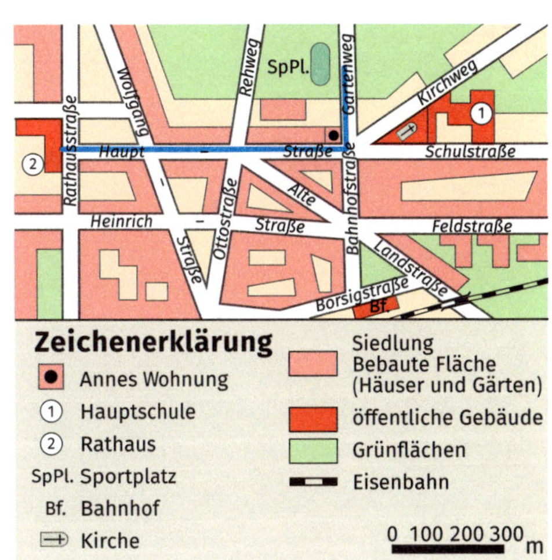

S. 188–189, ◂ GR
S. 203

Wir brauchen Regeln

Schon vor hundert Jahren gab es in der Schule Regeln. Die Schüler mussten die Regeln kennen.

1 a Schau dir das Bild an. Was siehst du?

b Beschreibt: Was fällt euch auf?

2 a Lies die alten Schulregeln.

Klassenregeln vor hundert Jahren

- Alle Schüler müssen aufrecht sitzen.
- Jeder Schüler muss seine Hände auf den Tisch legen.
- Die Schüler müssen zum Lehrer schauen.
- Im Unterricht müssen die Schüler still sein.
- Die Schüler müssen sich mit dem Finger der rechten Hand melden.
- Die Schüler müssen aufstehen, wenn sie sprechen.

b Was bedeuten die alten Schulregeln? Ordne die Regeln den Bildern zu.

1) Alle Schüler müssen aufrecht sitzen.

2) Jeder Schüler muss seine Hände auf den Tisch legen.

3) Die Schüler müssen zum Lehrer schauen.

4) Im Unterricht müssen die Schüler still sein.

5) Die Schüler müssen sich mit dem Finger der rechten Hand melden.

6) Die Schüler müssen aufstehen, wenn sie sprechen.

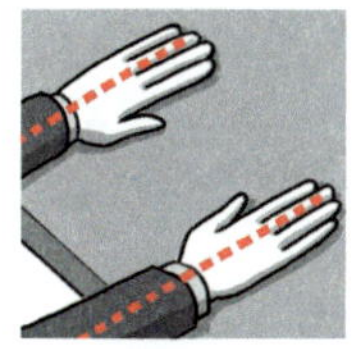

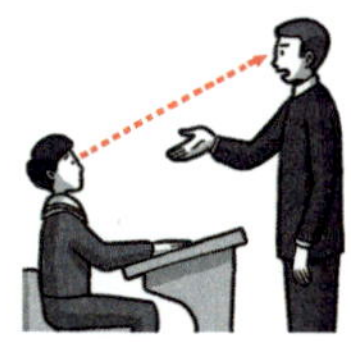

c Markiere die Verben in den Regeln.

d Trage die markierten Verben, die zusammengehören, in die Tabelle ein.

müssen + Verb im Infinitiv
müssen sitzen

Das Verb „müssen“ ist konjugiert, das zweite Verb steht im Infinitiv.

3 a Heute haben wir andere Schulregeln. Ordne die Regeln den Schildern zu.

Wir müssen pünktlich zum Unterricht kommen.

Wir müssen zuhören, wenn andere sprechen.

Wir dürfen im Unterricht keine Handys benutzen.

Wir dürfen den Müll nicht liegen lassen.

Wir dürfen im Unterricht keine Musik hören.

Wir müssen unsere Klasse sauber halten.

Wir dürfen im Unterricht nicht essen.

Wir müssen nach dem Unterricht die Tafel wischen.

b Markiere die Verben in den Regeln.

4 Welche Regeln gelten an Finns Schule? Ergänze die Lücken.
Setze ein: „dürfen“ oder „müssen“. Achte auf die Personenform.

GR ▶S. 189

1. Die Schüler ______________ nicht zu spät kommen. (dürfen)
2. „Ihr ______________ im Unterricht aufpassen“, ruft Herr Henzel. (müssen)
3. „Wir ______________ freundlich und respektvoll zu den Mitschülern und Lehrern sein“, denkt Henry. (müssen)
4. „Mehri, du ______________ nicht in die Klasse rufen“, sagt Frau Schmitt. (dürfen)
5. „Ich ______________ im Unterricht nicht telefonieren“, denkt Faati. (dürfen)
6. Die Lehrerin ruft: „Ihr ______________ leise sein!“ (müssen)
7. „Ja, du ______________ heute neben Rosil sitzen“, sagt Frau Willmer zu Mehri. (dürfen)

5 a Welche Regeln gelten in deiner Klasse?
Ergänze die drei Regeln.

Wir dürfen nicht ______________.

Wir müssen ______________.

Wir dürfen ______________.

... durch die Klasse laufen.
... unterbrechen.
... höflich sein.
... unsere Sachen wegräumen.
... sofort mit der Arbeit beginnen.
... laut sein.
... telefonieren.
... trinken.
... essen.
... zuhören.
... Müll auf den Boden werfen.

b Lest euch eure Regeln vor. Sind es dieselben?

6 Lies diese Klassenregeln. Was ist anders? Berichte in der Klasse.

WIR

- **respektieren einander.**
- **strengen uns an.**
- **sind ein Team.**
- **lernen aus Fehlern.**
- **sind kreativ.**
- **feiern unsere Erfolge gemeinsam.**

Besondere Schulen in Deutschland

1 a Schau dir die Bilder an. Was siehst du?

b Schreibe die Bildunterschriften unter die passenden Bilder.

Das Zirkuszelt vom Zirkus FlicFlac — Trapezkünstler — Klassenzimmer der Zirkusschule — Zirkuswagen der Zirkusschule

2 a Lies den Text.

Dennis stellt seine Schule auf Rädern vor

Er erzählt:
„Ich gehe zusammen mit anderen Zirkuskindern in die kleine Schule des Zirkus FlicFlac. In diesem Schuljahr gehen acht Kinder in meine Schule. Zwei Kinder sind 17, drei sind 13, zwei sind 11 und eins ist 14 Jahre alt. Weil der Zirkus von Ort zu Ort fährt, ist auch die Schule ein Zirkuswagen auf Rädern. Wir haben an sechs Tagen in der Woche von 9.00 bis 14.00 Uhr Unterricht. Zum Mittagessen gehen wir um 12.00 Uhr zu unseren Eltern nach Hause. Um 12.30 gehen wir wieder zurück in die Schule. Das ist ganz einfach, weil alle einen Zirkuswagen haben, der auf dem Zirkusplatz steht. Wir lernen dasselbe wie alle Schüler in Deutschland und haben auch die gleichen Schulbücher. Bei uns hat aber jeder Schüler seinen eigenen Stundenplan. Unsere Lehrerin sagt uns, wann der Unterricht zu Ende ist, denn wir haben keinen Schulgong."

b Lies die Fragen. Markiere die gesuchte Information im Text oben.

c Beantworte die Fragen. Ergänze die fehlenden Wörter.

1) Wie heißt der Zirkus?

Er heißt ______________________.

2) Wie viele Kinder gehen in diesem Schuljahr in die Zirkusschule?

Es gehen ______________________ in die Zirkusschule.

3) Warum ist Dennis' Schule eine Schule auf Rädern?

Die Schule ist ein Zirkuswagen, weil sie mit dem Zirkus von Ort zu Ort __________.

4) An wie vielen Tagen ist Unterricht?

Es ist an __________ Tagen Unterricht.

5) Wie lange dauert der Unterricht?

Der Unterricht dauert __________ Stunden.

6) Gibt es besondere Zirkusschulbücher?

__________, es sind ______________________ Schulbücher.

3 Berichte in der Klasse.

Dennis lebt beim Zirkus FlicFlac. Der Zirkus hat eine eigene Zirkusschule. ...

 KB ▸ S. 48 – 49

Themenfeld Schuluniform

Auf den Seiten 48 und 49 im Kursbuch findet ihr Seiten aus einem Deutschbuch zum Thema „Schuluniformen“. Die folgenden Übungen helfen euch dabei, diese Schulbuchseiten noch besser zu verstehen und einfacher bearbeiten zu können.

1 Schau dir die Kleidungsstücke und ihre Bezeichnungen an. Welche Wörter kennst du schon? Welche sind neu?

2 In diesem Suchsel sind 7 Kleidungsstücke versteckt.

a Markiere die 7 Wörter.

b Schreibe die Wörter mit dem passendem Artikel auf.

C	X	H	R	O	C	K
W	B	L	A	Z	E	R
V	L	S	E	T	O	A
N	U	J	H	F	V	W
W	S	D	A	C	Z	A
H	E	M	D	P	L	T
O	U	M	X	E	Z	T
S	G	J	A	C	K	E
E	K	A	T	I	B	Y

____
____
____
____
____
____
____

3 Schau dir die Bilder an und lies die Texte. Ordne die Texte den Bildern zu.

Die Schülerinnen aus Guatemala tragen weiße Blusen und schwarze Hosen oder Röcke.

Die Mädchen aus Großbritannien tragen karierte kurze Röcke. Die Jungen tragen gestreifte Krawatten. Alle tragen einen blaue Blazer.

Die Mädchen aus Japan tragen einen Rock, eine weiße Bluse und eine blaue Schleife.

Die Schüler aus einer Hamburger Schule tragen als Schuluniform sportliche Kleidung. Sie tragen T- Shirts, Sporthosen und Sportjacken oder Sweatshirts.

Die Schülerinnen aus Indien tragen dunkelblaue Pullover.

 KB ▶ S. 48–49

Die eigene Meinung begründen

1 a Welche Schuluniform gefällt dir gut, welche gefällt dir nicht so gut? Ergänze die Lücken. Verwende die Wörter von Seite 42.

🙂	
Ich mag die Schuluniform aus	.
Ich finde	gut.
Ich finde	toll.
Ich finde	schön.
Ich mag	besonders gern.

🙁	
Ich mag die Schulunform aus	nicht.
Ich finde	nicht gut.
Ich finde	nicht so toll.
Ich finde	nicht schön.
Ich mag	gar nicht.

b Welche Uniform gefällt dir? Beschreibe sie in drei Sätzen. Verwende die Wörter von Seite 42 und die Sätze aus der Tabelle.

____

____

____

____

____

____

____

____

____

____

Nach der Placemat-Activity haben die Schülerinnen und Schüler der Klasse 6b die Pro- und Kontra-Argumente in einer Mindmap sortiert.

2 a Lies die Argumente in der Mindmap.

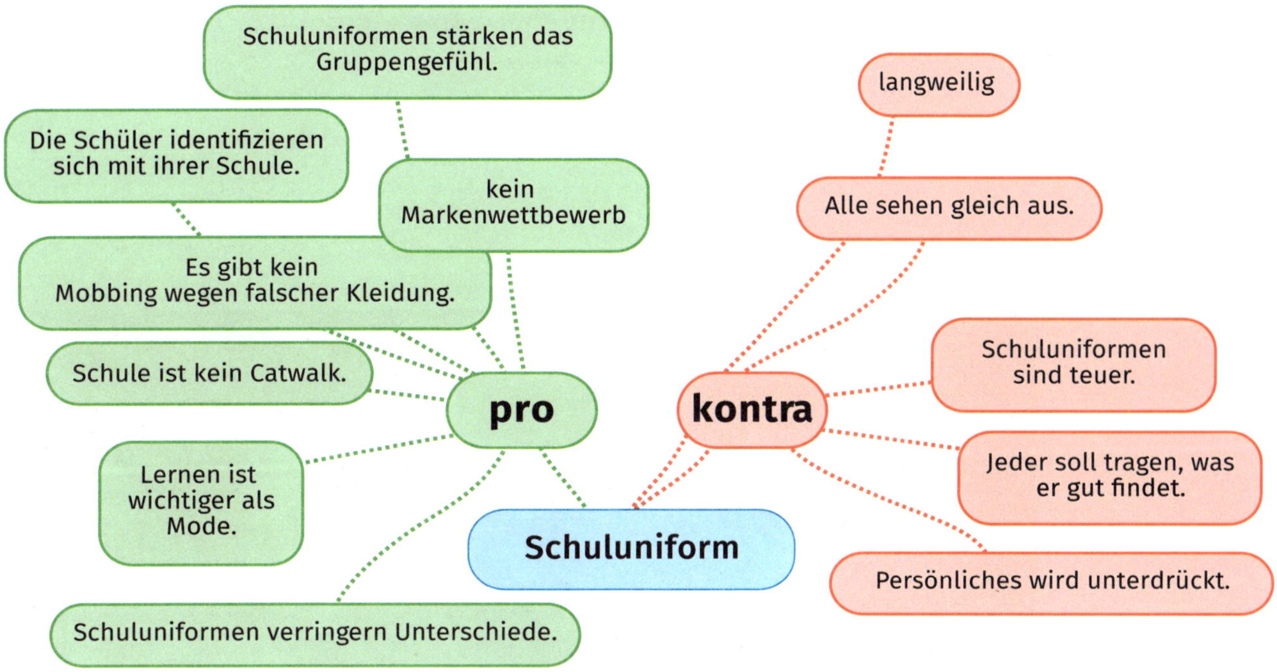

b Welche Argumente überzeugen dich? Markiere sie.

c Bist du für oder gegen Schuluniformen? Vervollständige.

Ich bin ______________________________ Schuluniformen.

d Warum? Schreibe die drei wichtigsten Argumente für deine Meinung auf.

Meine Gründe:

1. ______________________________

____

____

2. ______________________________

____

____

3. ______________________________

____

____

e Was meint dein Partner / deine Partnerin? Tauscht euch über eure Meinung und eure Argumente aus.

3 Deutschland entdecken

Bülent Ceylan: Fan-Report

▶ 1 a **Viele Leute haben Bülents neue Show „Kronk" besucht. Lies die Postings 1–5 von der Fan-Seite.**

▶ b **Markiere die Postings: Wie finden die Leute Bülent Ceylan?**

Fan-Report

☺ 😐 ☹ ▶ ❶ **Genial! Von Di To, 29.05. in Freiburg**
Wir haben Bülent Ceylan immer nur im Fernsehen gesehen und sind schon ganz lange Fans! Am Sonntag waren wir in Freiburg das erste Mal live in seiner Show. Da kann ich nur sagen: megageile Stimmung! Absolut super Show! Einfach Kronk! Bülent ist der Größte! Auch gut: Die Tickets waren nicht so teuer.

☺ 😐 ☹ ▶ ❷ **Naja ... Von Lisa, 28.05. in Fulda**
Kritikpunkt 1: In Fulda kann man keinen Platz reservieren. Das ist ober ätzend. Wenn du einen guten Platz haben willst, musst du schon nachmittags kommen. Kritikpunkt 2: Die Getränke sind total teuer. Das ist Abzocke. Die Halle ist sehr warm, und die Luft ist schlecht. Das Programm ist gut. Aber von hinten kann man nicht so gut sehen.

☺ 😐 ☹ ▶ ❸ **Absolut Wahnsinn! Von Tilda, 14.05.16 in Berlin**
Das ist meine 3. Live-Show mit Bülent – das Programm „Kronk" ist der Wahnsinn. Ich war mit meiner Freundin da. Wir lachen SO VIEL! Auch eine Woche später lachen wir noch Tränen. Bülent Ceylan ist voll cool. Zum nächsten Programm fahren wir bestimmt wieder nach Berlin.

☺ 😐 ☹ ▶ ❹ **Och nö ... Von Daddy Cool, 24.04. in Mannheim**
Ich habe jede Show von Bülent live gesehen und war immer happy, aber „Kronk" ist nicht so gut. Bei der ersten Show hatte ich Bauchschmerzen, weil ich so viel gelacht habe. Bülent ist ein total cooler Typ, aber das neue Programm ist etwas langweilig.

☺ 😐 ☹ ▶ ❺ **Ein geniales Event! Von No Nonsense, 24.03. in Oberhausen**
Die Show in Oberhausen war einfach fantastisch! Viele interessante Themen. Super gemacht, Bülent! Ich komme nächstes Jahr wieder. Ein kleiner Minuspunkt: Leider war die Akustik nicht so gut.

c Lies die Postings noch einmal und ergänze die Tabelle.

Posting Nr.	Was ist positiv?	Was ist negativ?
❶	gute Stimmung, gute Show, Bülent ist sehr gut, Tickets nicht teuer	–
❷		
❸		
❹		
❺		

d Fasse die Informationen aus der Tabelle zusammen.

1) Was sagen die Leute zum Künstler Bülent Ceylan?

____

____

2) Wie finden die Leute das Programm „Kronk"?

____

____

3) Wie finden die Leute die Location/die Preise?

____

____

e Berichte in der Klasse.

So kannst du beginnen: „Ich habe vier Fan-Postings gelesen. …"

Nutze diese Redemittel:

Alle Leute Die meisten Leute Einige Fans	finden	Bülent Ceylan das Programm die Getränke die Preise die Akustik die Sicht die Organisation	cool. schlecht. fantastisch. zu teuer. billig. zu hoch. etwas langweilig. sehr lustig.
Ein Fan aus …	findet		

Berühmte Personen

1 a Schau dir die Bilder an. Kennst du eine oder mehrere Personen? Welchen Beruf haben sie? Tausche dich mit deinem Partner/deiner Partnerin aus.

b Ordne die Beschreibungen den passenden Personen zu. Schreibe in dein Heft.

eine bedeutende Politikerin — ein bekannter Fußballspieler — ein erfolgreiches deutsches Model — eine berühmte deutsche Schauspielerin — ein beliebter Sänger — ein berühmter Basketballspieler — ein erfolgreicher Trainer — eine bekannte deutsche Komikerin

Beispiel: Angela Merkel ist eine bedeutende Politikerin.
Mezut Özil ist ...

2 Zu welcher Person aus Aufgabe 1 passen die folgenden Informationen? Trage die Namen ein.

____

Geboren am 15. Oktober 1988 in Gelsenkirchen; ledig

1995–2000	verschiedene Vereine in Gelsenkirchen
2000–2005	Rot-Weiß Essen
2005–2008	FC Schalke 04
2006	Deutscher Juniorenmeister
2007	erster Einsatz in der Bundesliga
2008	erster Einsatz in der Champions League
2008–2010	Werder Bremen
2010–2013	Real Madrid
seit 2013	FC Arsenal
2014	Weltmeister in Brasilien

Name: ____________________

Geburtsdatum: 9. Mai 1980

Geburtsort: Bergisch Gladbach

Größe: 1,64 m

Beruf: Komikerin, Sängerin, Synchronsprecherin, Schauspielerin

Erster Film: Vollidiot (2007)

aktuelle Sendung: Pussy Terror TV im WDR (seit 2015)

aktuelles Programm: Alpha Pussy

Preise: u.a. vier Mal Deutscher Comedypreis

3 a Lies die Überschrift und schau dir die Bilder an. Was denkst du: Worum geht es in dem Text?

b Lies nun den Text.

Angela Merkel persönlich

Angela Merkel (geb. Kasner) ist 1954 in Hamburg geboren. Ihr Vater, Horst Kasner, ist evangelischer Theologe. Ihre Mutter, Herlind Kasner, ist Lehrerin für Latein und Englisch. Angela Merkel hat zwei Geschwister: ihr Bruder heißt Marcus, ihre Schwester Irene.

Angela Merkel geht in Templin zur Schule und macht 1973 Abitur. Von 1973 bis 1978 studiert sie Physik an der Universität Leipzig. Nach dem Studium arbeitet sie als Physikerin in Berlin. 1989 wird sie Politikerin und macht sehr schnell Karriere. 2005 wird sie Bundeskanzlerin der Bundesrepublik Deutschland.

Angela Merkel ist seit 1998 mit dem Chemieprofessor Joachim Sauer verheiratet. Das Ehepaar lebt im Zentrum von Berlin und hat keine gemeinsamen Kinder. Beide lieben Natur und Kultur: In ihrer Freizeit gehen sie wandern, Ski laufen oder in die Oper. Angela Merkel ist Fan der Fußballnationalmannschaft und eine sehr gute Köchin. Sie macht für ihren Mann jeden Morgen das Frühstück, kocht gern Kartoffelsuppe oder Rouladen und backt am Wochenende einen Streuselkuchen.

Angela Merkel mit ihrem Ehemann Joachim Sauer

c Schau dir den Steckbrief an. Markiere die gesuchten Informationen im Text und ergänze den Steckbrief.

Name: Angela Merkel

Geboren: ____________________

Eltern: ____________________

Geschwister: ____________________

Schule und Ausbildung: ____________________

Beruf: ____________________

Ehepartner: ____________________

Kinder: ____________________

Hobbys: ____________________

____

____

Lieblingsessen: ____________________

____

Angela Merkel ist Fußballfan, ...

... und geht gern Wandern.

d Stelle deine Informationen über Angela Merkel in der Klasse vor.

4 Berichte der Klasse von einer berühmten Person aus deinem Land.

a Notiere wichtige Informationen.

Name: ______________________________

Warum berühmt? ______________________________

Wann und wo geboren?: ______________________________

Schule und Ausbildung: ______________________________

Beruf: ______________________________

Karriere (z. B. Preise, ...): ______________________________

Familie: ______________________________

Hobbys: ______________________________

Was ist noch interessant?: ______________________________

b Gestalte ein Plakat zu der Person und stelle es vor.

- Klebe Bilder der Person auf das Plakat.
- Schreibe alle Informationen (Name, Alter, Beruf, ...) auf.
- Präsentiere dein Ergebnis der Klasse. Nutze die Redemittel.

... ist ein berühmter/eine berühmte ...
Er/sie ist am ... in ... geboren.
Er/sie ist in ... zur Schule gegangen
Er/sie ist ... von Beruf.
Ihre/seine Eltern ...
Er/sie hat ... Kinder/hat keine Kinder.
Ihre/seine Hobbys sind ...

5 Ein Spiel: „Wer bin ich“
Ihr habt nun viele berühmte Personen kennen gelernt. Spielt das Spiel „Wer bin ich“ mit diesen Personen.

Anleitung:
1. Jeder bekommt ein Post-It. Schreibe den Namen einer der berühmten Personen auf das Post-It.
2. Klebe das Post-It auf die Stirn eines anderen Schülers/einer anderen Schülerin. Er/sie darf den Namen nicht sehen.
3. Findet heraus, welche Person ihr seid. Stellt dazu Fragen, die man mit ja oder nein beantworten kann. Zum Beispiel:
   - Bin ich eine Frau?
   - Bin ich eine Schauspielerin?
   - Bin ich jünger als 20?
   - ...
4. Wenn du genug Informationen hast, kannst du raten, wer du bist. Zum Beispiel: „Bin ich Bastian Schweinsteiger?“
5. Wer zuerst weiß, wer er ist, gewinnt das Spiel.

Ferienprogramm

1 Schau dir die Bilder an. Was machen die Schülerinnen und Schüler? Ordne die passenden Aktivitäten aus dem Kasten zu. Drei Aktivitäten bleiben übrig. Weißt du, was sie bedeuten?

____

____

____

Reiten
Hip Hop
Hockey
Zelten
Paddeln
Hockey

2 a Nächste Woche beginnen die Schulferien. Schau dir das Ferienprogramm für die erste Woche an. Was ist wann? Schreibe in dein Heft.

Uhrzeit	Montag, 17.07.	Dienstag, 18.07.	Mittwoch, 19.07.	Donnerstag, 20.07.	Freitag, 21.07.	Samstag, 22.07.	Sonntag, 23.07.
12 13 14			Paddeln			Hip Hop Zumba	
15		Tennis Reiten			Kochkurs		
16 17	Hockey			Malkurs			Fußball
18		Bowling			Theater	Zelten	

Am siebzehnten Juli ist Hockey. Am …

b Was möchtest du machen? Trage die Aktivitäten aus dem Ferienprogramm in deinen Kalender ein.

Mein Kalender							
Uhrzeit	**Montag, 17.07.**	**Dienstag, 18.07.**	**Mittwoch, 19.07.**	**Donnerstag, 20.07.**	**Freitag, 21.07.**	**Samstag, 22.07.**	**Sonntag, 23.07.**
12							
13							
14							
15							
16							
17							
18							

c Berichte in der Klasse.

Am siebzehnten Juli mache ich …/gehe ich zum …

Von Mannheim nach Berlin

Die Freundinnen Mona und Laura haben zwei Karten für die Bülent Ceylan Show „Kronk" beim Radiosender gewonnen. Sie planen die Reise von Mannheim nach Berlin. Sie überlegen, mit welchem Verkehrsmittel sie reisen möchten.

1 a Schau dir die Symbole für die Verkehrsmittel an. Was bedeuten sie? Schreibe das Wort mit dem Artikel auf.

 ____________  ____________  ____________  ____________

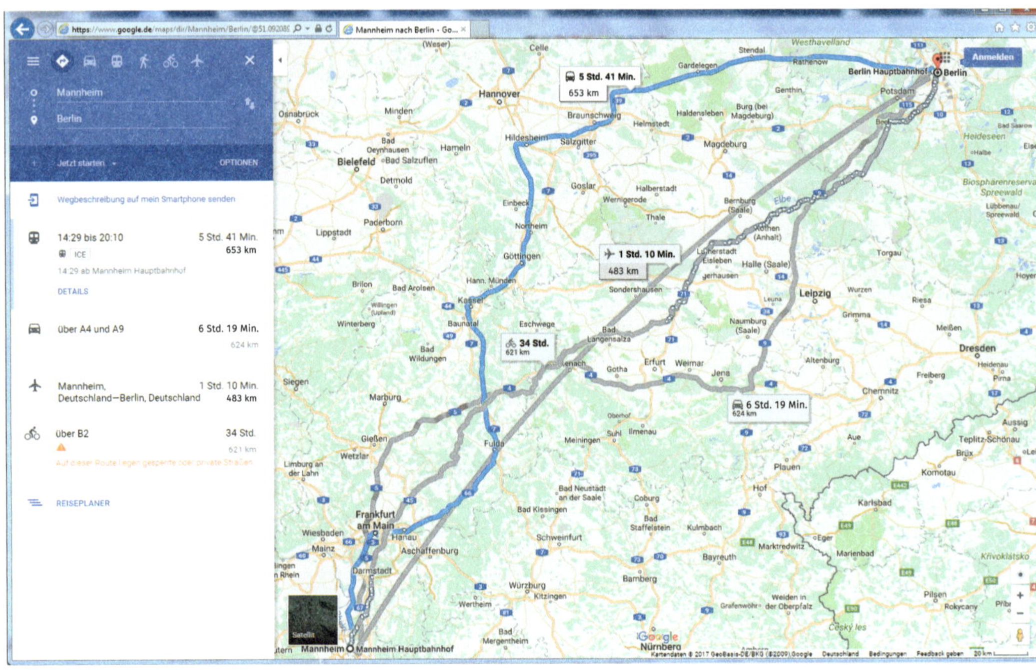

b Schau dir den Ausschnitt aus google.maps an und beantworte die Fragen.

der Bus → mit **dem** Bus
die Bahn → mit **der** Bahn
das Auto → mit **dem** Auto
das Fahrrad → mit **dem** Fahrrad

1) Wo beginnt die Fahrt? Die Fahrt beginnt in ____________.

2) Wo endet die Fahrt? ____________.

3) Mit welchen Verkehrsmitteln kann man reisen? Man kann mit ____________ reisen.

c Ergänze die Tabelle mit den Informationen aus der Karte.

Verkehrsmittel	Strecke (Kilometer)	Reisedauer (Stunden/Minuten)
Auto		
Zug		
	483 Kilometer	1 Stunde 10 Minuten
	616 Kilometer	34 Stunden

2 Du möchtest auch nach Berlin fahren. Welches Verkehrsmittel ist am besten?

a Schau dir die Bilder an und ordne die Adjektive den passenden Bildern zu.

billig

teuer

bequem

stressig

anstrengend

schnell

langsam

gesund

flexibel

angenehm

b Wie ist die Reise? Beschreibe die Reise mir den einzelnen Verkehrsmitteln.

Die Reise mit der Bahn ist bequem und angenehm. Man kann schlafen, lesen oder Musik hören. Aber sie ist teuer und nicht flexibel.

Die Reise mit	dem Bus der Bahn dem Auto dem Fahrrad	ist	billig. teuer. bequem. stressig.

Man kann	(nicht)	Radio hören. schlafen. essen. trinken.

c Mit welchem Verkehrsmittel möchtest du gern reisen? Warum?

Beispiel: Ich möchte mit dem Auto fahren. Das ist sehr schnell und flexibel.

Deutschland und seine Nachbarländer

1 Die Schülerinnen und Schüler der Klasse 6b bereiten Präsentationen über Deutschlands Nachbarländer vor. Lies den Text und ergänze die Namen der Länder. Die Karte oben hilft dir.

Deutschland liegt mitten in Europa. Es ist das Land mit den meisten Nachbarstaaten: Im Norden grenzt Deutschland an ______________. Die östlichen Nachbarn sind ______________ und die ____________________ Republik. Im Süden grenzt Deutschland an ________________ und die ____________________. Im Westen liegen ________________, ____________________, ____________________ und die ____________________.

2 Wo liegen diese Länder Europas? Verbinde.

Polen ———————— **liegt** — im Osten

Spanien und Portugal — **liegen**

Belgien und die Niederlande

Dänemark

im Norden

im Westen

im Osten

im Süden

von Europa.

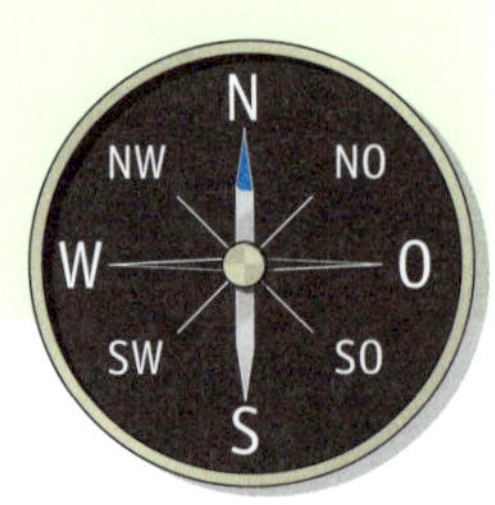

3 Fatma hat in ihrer Präsentation die Lage von Frankreich beschrieben. Sie hat leider ein paar Fehler gemacht.

a Finde die Fehler und korrigiere den Text.

Frankreich liegt ~~im Süden~~ im Westen von Europa. Es grenzt im Norden an die Nordsee. Die westlichen Nachbarn sind: Belgien, Luxemburg, Deutschland, die Schweiz und Italien. Im Norden liegt Spanien.

b Beschreibe die Lage von einem anderen Nachbarland von Deutschland.

____

____

____

____

4 Justyna hat eine Tabelle über die Nachbarländer von Deutschland erstellt. Schau dir die Karte auf Seite 54 noch einmal an und ergänze die fehlenden Informationen.

Land	Hauptstadt	Fläche in km²	Einwohner
	Luxemburg	2.586	576.000
Belgien		30.528	11.267.000
die Schweiz		41.285	8.392.000
die	Amsterdam	41.526	17.000.000
	Kopenhagen	43.094	5.707.000
die Tschechische Republik		78.866	10.553.000
	Wien	83.855	8.700.000
Polen		312.619	38.562.000
	Paris	640.679	66.991.000

S. 198–199 ◀ GR

5 a Justyna vergleicht Belgien mit den Niederlanden. Ergänze den Komparativ. Schau dir dazu die Karte auf Seite 54 und die Tabelle auf Seite 55 noch einmal an.

Komparativ:

$X > y$	X ist größ**er** als y
$x < Y$	x ist klein**er** als Y
$X > y$	X hat **mehr** ... als y
$x < Y$	x hat **weniger** ... als Y

Belgien ist ____________ ____________ die Niederlande.

Belgien hat ________________________ Einwohner ____________ die Niederlande.

b Vergleiche Österreich mit der Schweiz und Dänemark mit Polen.

____

____

____

____

____

____

____

____

c Welches Land ist am größten/am kleinsten? Welches Land hat die meisten/die wenigsten Einwohner? Ergänze den passenden Superlativ. Schau dir dazu die Karte auf Seite 54 und die Tabelle auf Seite 55 noch einmal an.

Luxemburg ist am ____________________.

__________________________ ist am ____________________.

Frankreich hat die ____________________ Einwohner.

__________________________ hat die ____________________ Einwohner.

Superlativ:
am größten ↔ am kleinsten
die meisten ↔ die wenigsten

Deutschland hat neun Nachbarländer. Tschechien ist eins davon.

5 a Schau dir die Karte und die Fotos an. Sie zeigen die Tschechische Republik und seine Nachbarsländer. Was fällt dir auf? Mache dir Notizen.

___

___

b Lies den Text über die Tschechische Republik. Vergleiche deine Notizen mit den Informationen im Text.

Die Tschechische Republik ist ein Nachbarland von Deutschland. Man sagt auch „Tschechien“. Die Tschechische Republik grenzt im Westen an Deutschland. Der nördliche Nachbar von Tschechien ist Polen. Im Osten grenzt Tschechien an die Slowakei und im Süden an Österreich. Tschechien hat etwa 10,6 Millionen Einwohner. Davon leben 1,3 Millionen in der Hauptstadt Prag. Die Stadt ist sehr schön und liegt am Fluss Moldau. Das ist der längste Fluss in Tschechien. Der höchste Berg heißt Schneekoppe. Er ist etwa 1600 m hoch. Tschechien ist 78.900 km² groß. Die Landessprache ist Tschechisch. Autos aus Tschechien erkennt man am internationalen Autokennzeichen CZ. Die Landeswährung ist die tschechische Krone.

6 a Lies den Text noch einmal und ergänze den Ländersteckbrief.

Ländersteckbrief Tschechien	
Das Land heißt:	Tschechische Republik
Nachbarländer:	
Hauptstadt:	
Fläche:	
Einwohnerzahl:	
Landessprache(n):	
Internationales Autokennzeichen:	
Landeswährung/Geld:	
Längster Fluss:	
Höchster Berg:	

b Berichte in der Klasse.

Die deutschen Bundesländer

Schau dir die Tabelle im Kursbuch auf Seite 60 noch einmal an.
Die Informationen aus einer Tabelle kann man auch grafisch gestalten. So kann man die Informationen schneller lesen. Man nennt diese Grafiken **Diagramme**.

▸ **1 Schau dir das Diagramm an. Welche Informationen aus der Tabelle auf Seite 60 im Kursbuch zeigt es? Kreuze an.**

Bundesländer nach Fläche

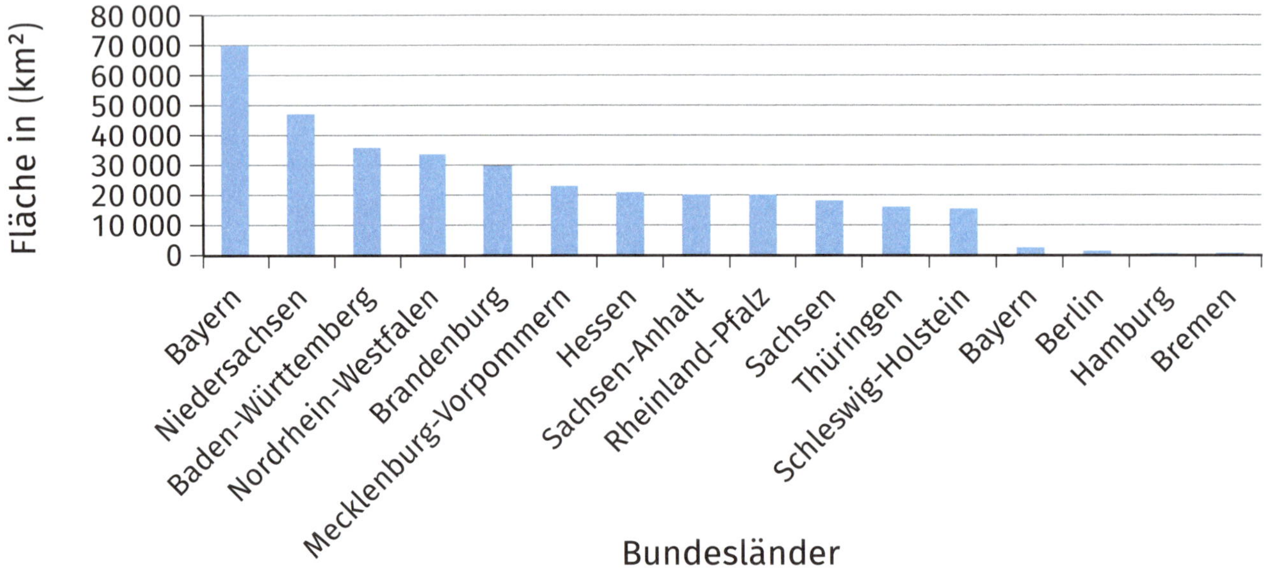

Das Diagramm zeigt …
- ☐ … welches die Hauptstädte der Bundesländer sind.
- ☐ … wie groß die Bundesländer sind.
- ☐ … wie viele Menschen in den Bundesländern leben.

Es gibt verschiedene Arten von Diagrammen: Säulendiagramme, Balkendiagramme und Kreisdiagramme.

Säulendiagramm

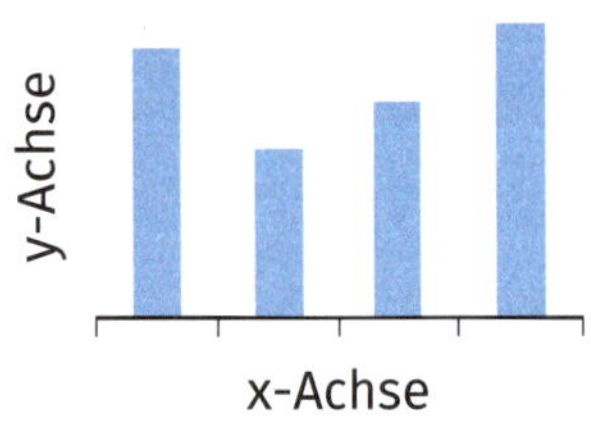

Balkendiagramm

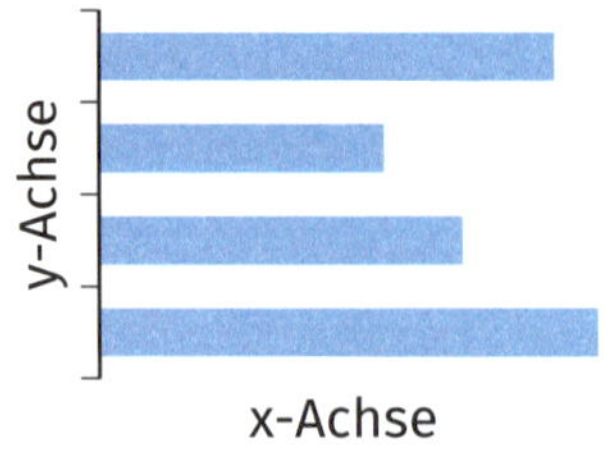

Kreisdiagramm

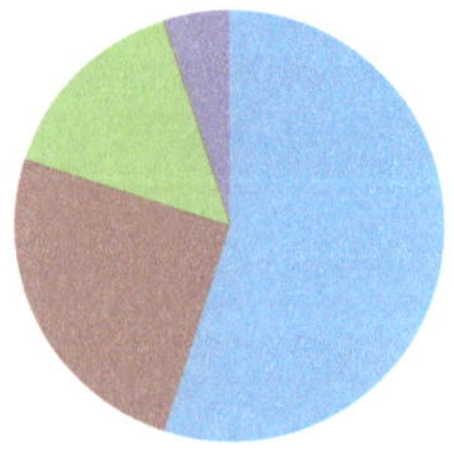

▸ **2 Welche Art von Diagramm ist das Diagramm aus Aufgabe 1?**

____

3 Erstelle nun ein Säulendiagramm zur Einwohnerzahl der Bundesländer. Gehe in diesen Schritten vor.

Schritt 1: Schau dir die Tabelle im Kursbuch auf S. 56 noch einmal an. Sie ist alphabetisch geordnet. Ordne die Bundesländer nun nach der Einwohnerzahl. Beginne mit dem Bundesland mit den meisten Einwohnern.

1. Nordrhein-Westfalen: 17,86 Millionen	9.
2.	10
3.	11.
4.	12.
5.	13.
6.	14.
7.	15.
8.	16.

Schritt 2: Zeichne jetzt mithilfe der Informationen in der Tabelle das Diagramm. Ordne die Säulen nach der Einwohnerzahl. Beschrifte die Säulen.

Deutsche Bundesländer nach Einwohnern (2015)

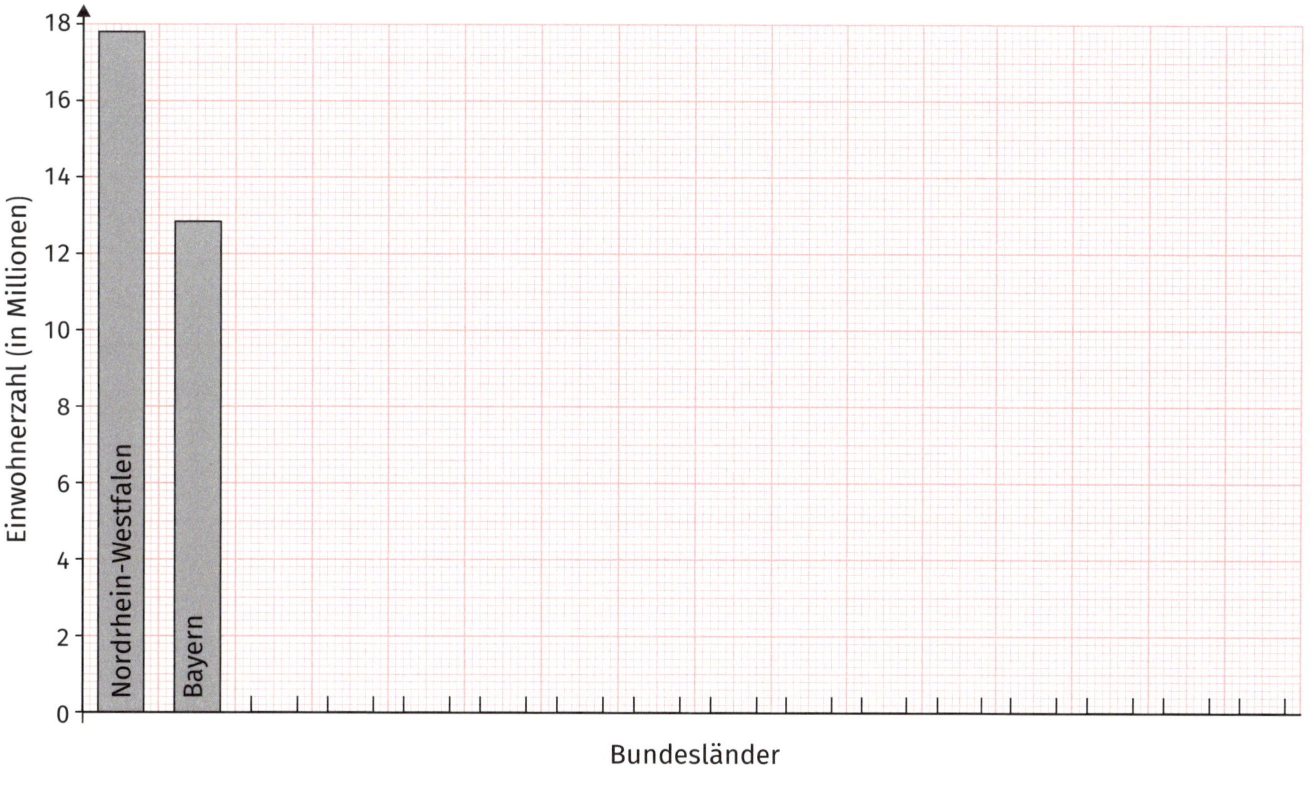

Quelle: Statistisches Bundesamt

▶ **4 a Schau dir das Diagramm zur Fläche der Bundesländer noch einmal an und lies die Beschreibung.**

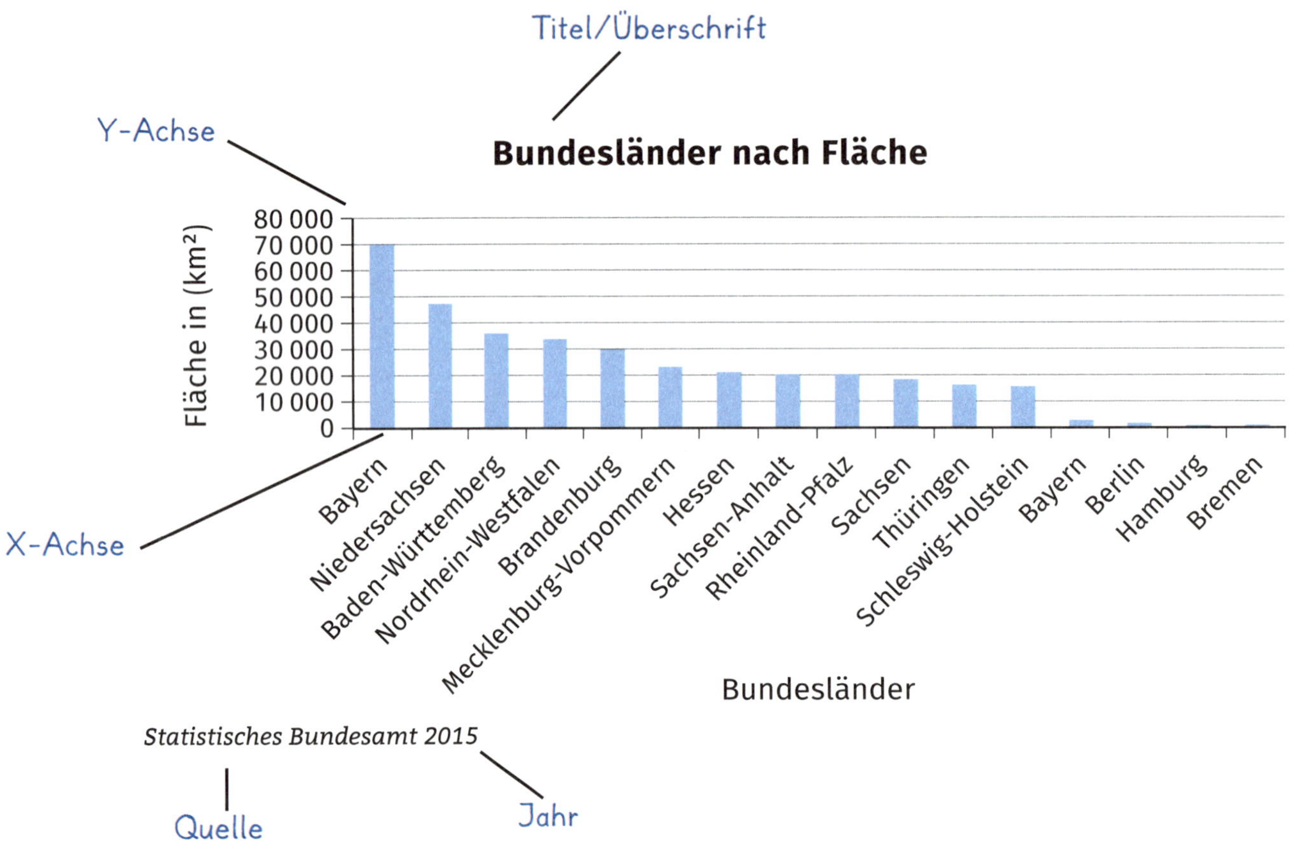

Aufbau: Das Diagramm ist ein Säulendiagramm. Das Thema des Diagramms ist „Bundesländer nach Fläche". Die X-Achse zeigt die Bundesländer und die Y-Achse zeigt die Fläche in Quadratkilometern. Die Quelle ist das Statistische Bundesamt. Die Daten sind aus dem Jahr 2015.

Inhalt: Bayern hat die größte Fläche. Es ist ungefähr 70.000 km² groß. Bremen ist hat die kleinste Fläche. Es ist nur ca. 400 km² groß.
Die drei Bundesländer mit der größten Fläche sind Bayern, Niedersachsen und Baden-Württemberg. Die drei Bundesländer mit der kleinsten Fläche sind Bremen, Hamburg und Berlin.

▶ **b Ergänze die Informationen zum Diagramm.**

Art des Diagramms: Säulendiagramm

Thema/Titel: ______________________

X-Achse: ______________________

Y-Achse: ______________________

Quelle: ______________________

Jahr: ______________________

5 Schreibe nun einen Text zu deinem Diagramm aus Aufgabe 3.

a Beschreibe erst den Aufbau.

Das Diagramm ist ein Säulendiagramm. Das Thema … ______

______

______

______

______

______

b Beschreibe nun den Inhalt deines Diagramms. Gehe so vor:

- **Beschreibe zuerst die Superlative. Welches Bundesland hat die meisten, welches die wenigsten Einwohner?**

______

______

______

- **Vergleiche anschließend die verschiedenen Bundesländer miteinander. Schreibe mindestens einen Satz mit jedem Redemittel aus dem Kasten.**

______

______

______

______

= … hat ungefähr gleich viele Einwohner wie …
> … hat mehr Einwohner als …
< … hat weniger Einwohner als …

- **Schreibe zu den wichtigsten Informationen aus Aufgabe 4 b einen kurzen Text. Ergänze dazu die Lücken.**

Nordrhein-Westfalen ist das Bundesland mit den ______ Einwohnern. Es sind insgesamt rund ______ Millionen. ______ hat nur knapp 700.000 Einwohner. Es ist das Bundesland mit den ______ Einwohnern. Die drei Bundesländer mit den meisten Einwohnern sind ______, ______ und ______. Die drei Bundesländer mit den wenigsten Einwohnern sind ______, ______ und ______.

Bayern hat ______ Einwohner als Nordrhein-Westfalen.

Das Saarland hat ______ Einwohner als Bremen.

Naturraum Deutschland

▶ **1 a Schau dir die Bilder an. Was siehst du?**
Schreibe passende Wörter aus dem Kasten unter die Bilder. Nutze ein Wörterbuch.

das Feld/die Felder
die Wiese/die Wiesen
der Wald/die Wälder
der Berg/die Berge
der Gipfel/die Gipfel
der Hügel/die Hügel
der Baum/die Bäume
der See/die Seen
das Tal/die Täler

der Schnee das Eis

grün hellgrün
dunkelgrün gelb
braun

flach hügelig

A

Felder

B

C

D

▶ **b Beschreibt euch gegenseitig die Bilder. Das Beispiel hilft euch.**

Beispiel: Bild 1

Auf dem Bild sind viele Felder und Wiesen. Das Land ist flach.
Es ist grün, gelb und braun.

Bild 2:

Auf dem Bild sind ... Ich sehe ...

...

c Lies noch einmal den Blogeintrag im Kursbuch auf Seite 65. Was denkst du: Zu welchem Teil der Reise passen die Bilder A–D? Welche Landschaft sehen die Norweger auf ihrer Reise nicht?

Ich denke, Bild 1 ist ...

d Die Bilder A–D zeigen die vier Großlandschaften in Deutschland. Lies die Beschreibungen zu den Großlandschaften und ordne sie dem richtigen Bild zu.

Im Alpenvorland gibt es keine großen Höhenunterschiede (300–800 m). Es gibt viele Seen, wie zum Beispiel den Starnberger See. Die größte Stadt im Alpenvorland ist München. Das Alpenvorland liegt zwischen den Alpen im Süden und der Donau im Norden.

Bild: ______

Im Norddeutschen Tiefland ist kein Hügel höher als 200 m. Die Landschaft ist sehr flach und nur leicht wellig. An der Küste der Nord- und Ostsee gibt es wichtige Häfen, wie zum Beispiel in Hamburg den größten deutschen Seehafen. Das Norddeutsche Tiefland reicht von der Nord- und Ostsee 250 km in Richtung Süden ins Land hinein.

Bild: ______

Der Mittelgebirgsraum liegt zwischen 500 und 1500 m. Es gibt Wälder und Berge, aber auch viele Täler mit Flüssen. Der Feldberg ist mit 1493m der höchste Berg im deutschen Mittelgebirgsraum. Die Landschaft reicht von der Donau im Süden bis zum Harz im Norden.

Bild: ______

Die Alpen sind ein Hochgebirge. Die Berge dort sind höher als 1500 m. Viele Gipfel sind das ganze Jahr mit Schnee bedeckt. Die Zugspitze ist mit 2962 m der höchste Berg Deutschlands. Die Alpen liegen ganz im Süden von Deutschland.

Bild: ______

e Trage die Informationen zu den Großlandschaften in die Tabelle ein.

	Norddeutsches Tiefland	Mittelgebirgsraum	Alpenvorland	Alpen
Höhe	bis 200 m			
Charakteristika				schneebedeckte Gipfel
Superlative			größte Stadt: München	
Lage		von der Donau bis zum Harz		

2 a Schau dir noch einmal den Blogeintrag im Kursbuch auf Seite 65 an. Notiere die Stationen der Reise. Markiere die Stationen auf der Karte. Zeichne dann die Reiseroute der Norweger in die Karte ein.

b Schau dir die Route an und beantworte die Fragen.

1) In welcher Großlandschaft liegen die meisten besuchten Städte?

____

2) Welche Großlandschaft haben die Norweger nicht besucht?

____

3) Welche großen Flüsse haben die Norweger auf ihrer Reise gesehen?

____

Ein Stadtporträt

1

2
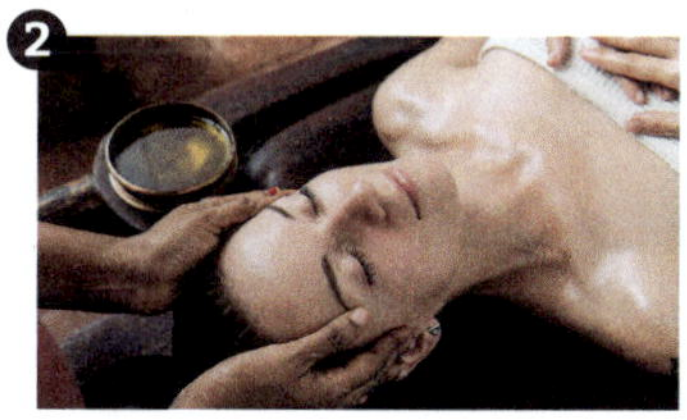

3

4

1 a Schau dir die Fotos an. Was siehst du?

b Mache dir Notizen.

____

____

____

2 a Lies den Text über die Stadt Füssen im Allgäu. Welche Fotos passen? Ordne die Fotos den Textabschnitten zu.

Füssen im Allgäu

◯ Die Stadt Füssen liegt ganz im Süden von Deutschland, direkt an der Grenze zu Österreich. Sie liegt 800 m hoch am nördlichen Rand der Alpen am Ufer des Flusses Lech. Rund um Füssen gibt es viele Berge, Seen, Schlösser und Burgen. Das Wasser in den Seen ist sehr klar und kalt. Die Luft ist sauber und gut. Das gefällt vielen Menschen und tut gut.

◯ In der Nähe von Füssen ist das Schloss Neuschwanstein. Es ist sehr berühmt. Neuschwanstein sieht aus wie ein Schloss aus dem Märchen. Man kann das Schloss oft auf Bildern und in Filmen sehen.

◯ Die Stadt Füssen ist ein Kurort. Das heißt, kranke Menschen kommen nach Füssen und erhalten eine medizinische Behandlung. Sie wohnen für ein paar Tage oder 2–3 Wochen in einem Kurhotel oder in einer Klinik. Das sind jedes Jahr mehrere 100.000 Menschen.

◯ Die Stadt Füssen selbst hat nur 15.000 Einwohner. Viele Einwohner von Füssen arbeiten in Hotels, Restaurants, Kliniken oder im Einzelhandel. Das heißt ihr Beruf ist, die Gäste zu versorgen und zu betreuen.

b Ergänze die Tabelle.

Füssen im Allgäu	
Geografische Lage	
Sehenswürdigkeiten	
Einwohnerzahl	
Branchen	

Die Ameisen

▸ **1 a Schau dir die Bilder an. Was siehst du?**

▸ **b Erzähle die Geschichte. Benutze dazu die Wörter im Kasten.**
Achtung: Nicht alle Wörter passen!

1) Zwei Ameisen wollen ______________________________.

2) Sie wollen ______________________________ reisen.

3) Sie gehen ______________________________.

4) Das ist ______________________________.

5) In Hamburg-Altona ____________________ sie ____________________.

6) Sie gehen wieder ______________________________ zurück.

haben .... Schmerzen | nach Australien | sehr anstrengend | nach Hause
zu Fuß | keine Lust mehr | eine Reise machen | nach Lübeck | einfach

▸ **2 Lies nun das Gedicht und beantworte die Fragen.**

Die Ameisen
Von Joachim Ringelnatz

In Hamburg lebten zwei Ameisen,
Die wollten nach Australien reisen.
Bei Altona auf der Chaussee*
Da taten ihnen die Beine weh,
Und da verzichteten sie weise*
Dann auf den letzten Rest der Reise.

So will man oft und kann doch nicht
Und leistet dann recht gern Verzicht*.

* Chaussee = breite Straße
* weise = sehr klug
* Verzicht leisten = verzichten

1) Wo wohnen die Ameisen?
2) Wohin wollen die Ameisen fahren?
3) Welches Verkehrsmittel benutzen sie?
4) Wie weit kommen sie?
5) Warum gehen sie zurück?

▸ **3 Lies das Gedicht laut vor.**

In Freiburg

1 Lies die Aufgaben. Höre den Text im Kursbuch (Seite 64, Track 28) noch einmal. Kreuze die richtige Antwort an. ▸ 1.28

Die Studenten suchen …
☐ … das Konzerthaus.
☐ … den Bahnhof.
☐ … die Wilhelmstraße.

In Köln waren die Studenten …
☐ … am Hafen.
☐ … auf der Computermesse.
☐ … im Schokoladenmuseum.

Im Goethe Institut Freiburg …
☐ … gehen sie in die Bibliothek.
☐ … machen sie einen Deutschkurs.
☐ … treffen sie einen Freund.

2 Lies den Dialog und ergänze die richtige Verbform.

GR ▸ S. 190 – 191

Ole: Schön, dass ihr nach Freiburg gekommen (kommen) seid.
Wie lange hat denn eure Fahrt ________ (dauern)?

Eva: Ab Kiel haben wir jetzt 5 Tage ________ (brauchen).

Tayo: Wo habt ihr denn ________ (schlafen)? Im Zug?

Elisabeth: Nein. Wir ________ (haben) immer in der Jugendherberge übernachtet.

Hans-Christian: Das hat nicht so viel Geld ________ (kosten).

Ole: Wer hat diese Reise ________ (planen)?

Eva: Wir ________ (haben) alle zusammen geplant.
Das hat viel Spaß ________ (machen).

Hans-Christian: Eva ________ (haben) viel im Internet recherchiert und die Interrail-Tickets ________ (kaufen). Elisabeth und ich haben die Züge ________ (suchen).

Ole: Das nächste Mal fahre ich mit.

Tayo: Ich auch.

S. 190–191 ◂ GR

Grüße von unterwegs

▸ **1 Leas Oma macht eine Busreise durch Deutschland. Von jeder Station schreibt sie Lea eine Postkarte.**
Lies die Postkarten und ergänze die Verben im Perfekt.

Liebe Lea,
viele Grüße aus Hamburg!

Wir ____________ eine Hafenrundfahrt ____________ (machen) und auf dem Fischmarkt Fischbrötchen ____________ (kaufen).

Oma

Liebe Lea,
schöne Grüße von den Bremer Stadtmusikanten!

Ich ____________ natürlich ein Foto von der berühmten Skulptur mit Esel, Hund, Katze und Hahn ____________ (machen).

Wir ____________ viel ____________ (lachen).

Deine Oma

Liebe Lea,
in Köln gibt es ein Schokoladenmuseum!

Wir ____________ vom Dom aus zu Fuß zum Schokoladenmuseum ____________ (wandern).

Im Museum ____________ wir am Schokoladenbrunnen eine Waffel ____________ (kriegen). Lecker!!!

Ich ____________ eine große Tafel Schokolade für dich ____________ (holen).

Viele Grüße, Oma

Liebe Lea,
am Rhein gibt es viele Burgen – das ist sehr romantisch.

Der Bus ____________ in der Nähe des Loreley-Felsens ____________ (stoppen).

Da ____________ wir die Geschichte der schönen Loreley ____________ (hören).

Die Geschichte ist so traurig. Ich ____________ ein paar Tränen ____________ (weinen).

Herzlich, Oma

2 Eva, Hans-Christian und Elisabeth haben in Hamburg Handy-Fotos gemacht. Schau dir die Fotos an und schreibe einen kurzen Kommentar darunter. Benutze die passenden Verben aus dem Kasten.

~~machen~~ wohnen chillen kaufen suchen

1) Wir haben __________ eine Hafenrundfahrt gemacht ____.

2) Hans-Christian __________ ein Fischbrötchen __________.

3) Wir __________ in der Jugendherberge __________.

4) Eva __________ den Schlüssel __________.

5) Wir __________ im Park __________.

3 Namika war mit ihrer Freundin in München. Sie hat sich Notizen für ihren Blog gemacht. Lies die Notizen und schreibe einen kurzen Text.

München: toll!/Stadtrundfahrt machen/ auf Viktualienmarkt: Obst kaufen/durch Englischen Garten wandern/das Deutsche Museum suchen/im Hofbräuhaus: Knödel probieren

____

____

____

____

____

____

____

____

____

Eine Fahrradtour planen

Izabela, Farid und Agniezka möchten eine Fahrradtour von Berlin nach Usedom an der Ostsee machen.
Sie wollen nicht so viel Geld ausgeben. Deshalb müssen sie die Strecken pro Tag, die Übernachtung, das Essen, die Rückfahrt, das Taschengeld und die Gesamtkosten genau planen.

Farid, Izabela und Agniezka planen ihre Reise.

1 a Lies den Dialog.

Farid:	Wie lange soll unsere Fahrradtour denn dauern?
Izabela:	Ich denke, 10 Tage sind gut. Dann können wir Fahrrad fahren, aber auch noch andere Dinge machen, zum Beispiel schwimmen gehen und die Städte auf der Strecke besuchen.
Agniezka:	10 Tage finde ich auch gut. Ich habe aber nur 250 Euro für die gesamt Zeit.
Izabela:	250 Euro pro Person sind genug. Wir brauchen ca. 12 Euro pro Tag für Essen und Trinken, glaube ich.
Farid:	Das glaube ich auch. Wie lang ist die Strecke von Berlin nach Usedom eigentlich?
Agniezka:	Ungefähr 340 Kilometer.
Farid:	Aber zurück fahren wir mit dem Zug, oder?
Izabela:	Ja, wenn wir früh buchen, kosten die Tickets nur 19 Euro pro Person.
Agniezka:	Und was machen wir mit den Fahrrädern?
Izabela:	Die Fahrräder kann man im Zug mitnehmen. Das kostet 6 Euro pro Fahrrad.
Agniezka:	Und wo übernachten wir?
Farid:	Wir können auf dem Campingplatz übernachten.
Izabela:	Das ist eine gute Idee! Auf Zelten habe ich auch Lust.

b Welche Informationen bekommst du? Trage ein.

Dauer der Reise: ______________________________

Länge der Strecke: ______________________________

Budget: ______________________________

Kosten für Essen und Trinken: ______________________________

Kosten für Zugticket: ______________________________

Kosten für das Fahrrad: ______________________________

Übernachtung: ______________________________

2 a Wobei kann Izabela, Farid und Agniezka die Mathematik helfen? Kann man das berechnen? Kreuze an.

	Ja	Nein
• Wie viel Geld haben sie insgesamt für Essen und Trinken eingeplant?	☐	☐
• Geht Agniezkas Fahrrad während der Reise kaputt?	☐	☐
• Wie viele Pausen müssen sie machen?	☐	☐
• Izabela, Farid und Agniezka möchten jeden Tag gleich viele Kilometer fahren. Wie lang ist die Strecke pro Tag?	☐	☐
• Wie teuer ist die Rückfahrt inklusive Fahrräder?	☐	☐
• Wie wird das Wetter?	☐	☐
• Wie teuer ist das Zelten auf dem Campingplatz in Angermünde?	☐	☐
• Wie viele Fotos macht Farid?	☐	☐
• Wie viel Geld haben sie für die Übernachtungen und Unternehmungen übrig?	☐	☐

b Was glaubst du: Reichen 250 € für die Fahrt? Bleibt noch Geld übrig?

c Berechne alle angekreuzten Kostenpunkte aus Aufgabe 2 a.

3 Farids Freund Bjarne möchte die Fahrradtour mitmachen. Farid schreibt Bjarne eine E-Mail und informiert ihn, was sie geplant haben und wie viel Geld sie brauchen. Ergänze die Lücken. Verwende dafür auch die Ergebnisse aus Aufgabe 2c.

Hallo Bjarne,

also, wir wollen für ______ Tage eine Fahrradtour machen. Wir fahren von ____________________ nach ____________________. Wir müssen jeden Tag ______ km fahren.

Jeder von uns sollte ungefähr ______ Euro mitnehmen. Davon sind ______ Euro für Essen und Trinken. Die Rückfahrt mit dem Zug kostet mit Fahrrad pro Person ______ Euro. Für die Übernachtungen auf dem ____________________ und für Städtetouren bleiben dann noch ______ Euro übrig. Ich freue mich schon sehr auf unsere Tour!

Hoffentlich haben wir gutes Wetter!

LG, Farid

 KB ▶ S. 68

Auf dem Ehlers-Hof

1.35 ▶ **1 a Höre das Interview mit Bauer Ehlers.**

▶ **b Schau dir den Betriebsspiegel des Hofes von Bauer Ehlers noch einmal an und fülle ihn aus.**

Ehlers-Hof

Betriebsgröße		100 ha
Bodennutzung		
Ackerland		50 ha
davon	Mais	15 ha
	Getreide	20 ha
	Grünland	15 ha
Tiere		
____________________		
____________________		
Arbeitskräfte		
____________________		
____________________		
____________________		

▶ **c Höre noch einmal. Kreuze die richtige Antwort an.**

1.35

1) Der Hof von Bauer Ehlers ist 100 ha groß. Das ist so groß wie …
- ◯ … 104 Fußballfelder.
- ◯ … 114 Fußballfelder.
- ◯ … 140 Fußballfelder.

2) Der Betrieb ist spezialisiert auf …
- ◯ … Ackerbau.
- ◯ … Milchwirtschaft.
- ◯ … Obstanbau.

3) Bauer Ehlers verkauft...
- ○ ...Mais und Roggen.
- ○ ...Mais und Weizen.
- ○ ...Roggen und Weizen.

4) Jan arbeitet bei Bauer Ehlers. Er arbeitet als...
- ○ ...Aushilfe.
- ○ ...Büromitarbeiter.
- ○ ...Lehrling.

5) Bauer Ehlers hat seinen Hof...
- ○ ...vom Großvater geschenkt bekommen.
- ○ ...von Vater und Mutter übernommen.
- ○ ...vor elf Jahren gekauft.

2 Ein Schüler der Klasse 7a, Matthias, berichtet seinen Eltern über den Besuch bei Bauer Ehlers. Ergänze die Lücken im Text. Verwende die Wörter im Kasten unten. Achtung: Nicht alle Wörter passen.

Wir waren heute auf einem ________________. Dort haben wir viel ________________. Der Hof ist ziemlich ________________: 100 ha. Bauer Ehlers hat viele ________________ und Kälber, aber auch ein paar ________________. Ich finde die großen ________________ total cool. Herr Ehlers hat einen richtigen ________________, d. h. nicht nur einen Traktor, sondern mehrere. Frau Ehlers arbeitet im ________________. Sie ist verantwortlich für den ________________ der Produkte. Herr Ehlers hat gesagt: „Ich wollte immer ________________ werden." Das war sein Traum.

Bauernhof Hofladen gelernt Maschinen Maschinenpark

Kühe Hühner Bauer Verkauf groß Büro

Beim Bauern God

Bevor die Klasse 7a den Bauernhof von Herrn Ehlers besucht, sprechen die Schülerinnen und Schüler im Unterricht über den Bauernhof der Familie God. Sie betreibt reinen Ackerbau.

1 a So sieht das Grundstück vom Bauernhof God aus. Schau es dir an.

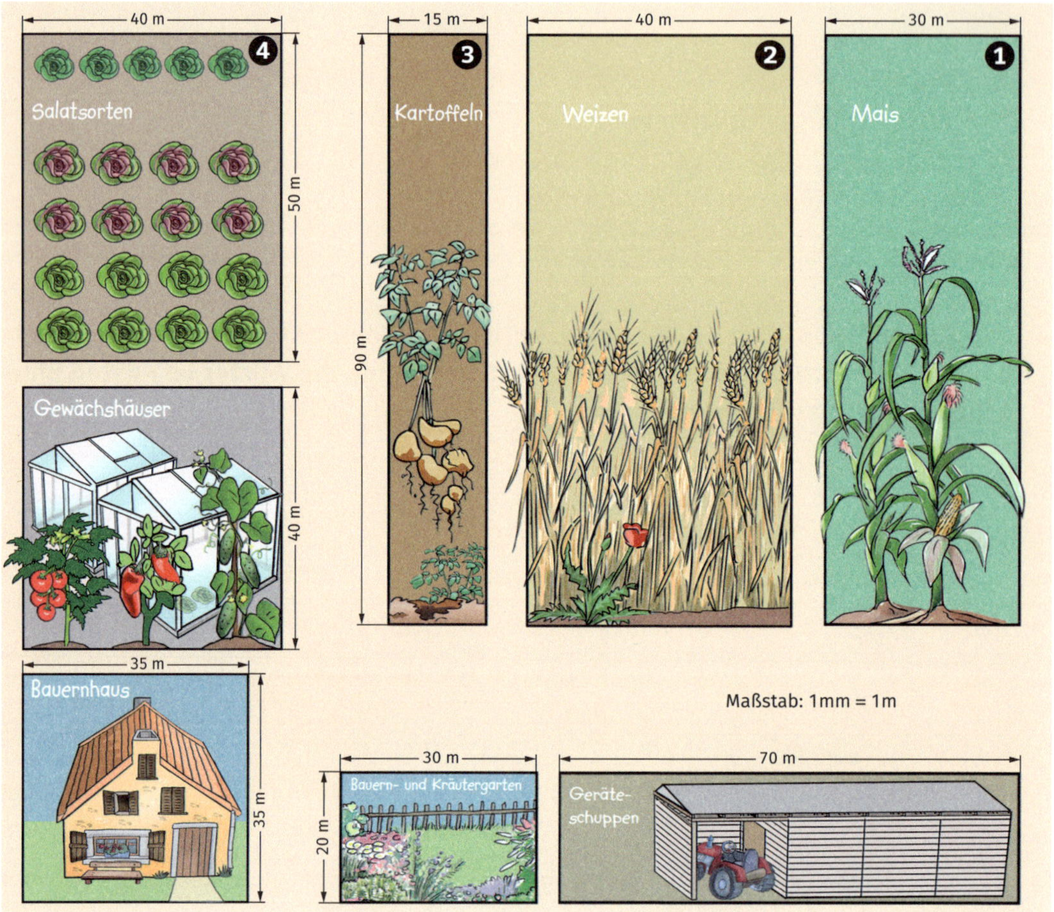

b Wie groß ist das Grundstück? Ergänze die Rechnung und berechne.

Als **Flächeninhalt** bezeichnet man das Innere (die Größe) der Fläche.
Bei Rechtecken multipliziert man die Länge mit der Breite:
A = Länge • Breite (sprich „Länge mal Breite")
Die Einheit einer Fläche wird in Quadrat angegeben, hier z. B. in m^2
(sprich: „Quadratmeter").

$A_{Grundstück}$ = ________________ m • ________________ m = ________________ m^2
(Länge$_{Grundstück}$) (Breite$_{Grundstück}$)

c Vervollständige den Lösungssatz.

Das Grundstück hat einen Flächeninhalt von ________________ Quadratmetern.

2 a Wie groß sind die Flächen der vier Felder? Berechne.

Feld	Länge	Breite	Rechnung	Flächeninhalt
1	______ m	30 m	______ m • ______ m	______ m^2

b Vervollständige die Antwort.

Feld 1 hat einen Flächeninhalt von ______ Quadratmetern.

Feld 2 ______

______

______

3 a Wie groß sind die Flächen vom Haus und von den Gewächshäusern? Berechne und vervollständige die Antwort.

Antwort: Der Flächeninhalt vom Haus beträgt ______ Quadratmeter.

______

b Was ist das Besondere an den beiden Flächen? Ergänze.

Rechtecke
Flächen
gleich lange

Die beiden ______ sind rechteckig und sie haben vier ______ Seiten. Solche ______ nennt man Quadrate.

4 a Ein Zaun schützt das Salatfeld (Feld 4) vor gefräßigem Wild wie Rehen und Hasen. Wie viel Meter Zaun braucht Familie God dafür? Berechne.

$U_{Grundstück}$ = 2 • ______ m + 2 • ______ m = ______ m
(Länge$_{Grundstück}$) (Breite$_{Grundstück}$)

b Vervollständige den Antwortsatz.

Familie God braucht ______ m Zaun.

Hier muss der **Umfang der Fläche** berechnet werden.
Der **Umfang U** ist die Länge der Linie, die eine Figur begrenzt.
Bei einem Rechteck ist
U = 2 • Länge + 2 • Breite.

Hofladen

Auf der Website ihrer Schule hat die Klasse 7a nach dem Besuch auf dem Bauernhof ein Interview mit Frau Ehlers veröffentlicht.

1 a Lies das Interview

Im Hofladen auf dem Ehlers-Hof

Frau Ehlers betreibt gemeinsam mit ihrer Freundin den Hofladen des Bauernhofs der Familie Ehlers. Wir haben Frau Ehlers in ihrem Hofladen besucht und ihr ein paar Fragen gestellt.

Klasse 7a: Frau Ehlers, wie groß ist Ihr Hofladen?

Frau Ehlers: Der Laden ist klein. Am Anfang war er noch kleiner: Da ist er nur 20 Quadratmeter groß gewesen. Vor drei Jahren haben wir den Laden auf 50 Quadratmeter erweitert.

Klasse 7a: Was verkaufen Sie in Ihrem Laden?

Frau Ehlers: Wir verkaufen frische Eier und frische Milch von unserem Hof. Zwei Mal in der Woche backen wir Bauernbrot und bieten das Brot im Hofladen an. An den Backtagen kommen immer sehr viele Leute in den Laden und kaufen das frische Brot. Im Sommer verkaufen wir auch Maiskolben, wenn der Mais reif ist. Wir verkaufen auch Produkte von Bauernhöfen aus der Nachbarschaft: Kartoffeln, Salate und verschiedene Gemüse.

Klasse 7a: Wann kann man im Hofladen einkaufen?

Frau Ehlers: Der Laden hat an Wochentagen nur am Nachmittag geöffnet: von 16 Uhr bis 19 Uhr. Am Samstag haben wir am Vormittag von 10 Uhr bis 13 Uhr geöffnet.

Klasse 7a: Wie viele Leute arbeiten hier im Hofladen?

Frau Ehlers: Wir sind zu zweit: meine Freundin Sabine und ich. Wir sind zusammen zur Schule gegangen. Daher kennen wir uns sehr gut und die gemeinsame Arbeit macht Freude.

b Vervollständige die Informationen auf dem Flyer.

Ehlers-Hof

Unser Hofladen

Frische ____________ und ____________ aus eigener Herstellung.

Dienstag und Donnerstag: Frisches ____________ aus der Hofbäckerei.

____________, Salat und ____________ aus der Region und vieles mehr.

Öffnungszeiten:

Montag bis Freitag

________ bis ________ Uhr

Samstag

________ bis ________ Uhr

Sonntags geschlossen

Wir freuen uns auf Ihren Besuch!

2 Notiere drei weitere Fragen an Frau Ehlers.

____

____

____

3 Beantworte Frage A oder B. Berichte.

A Gibt es in deiner Stadt oder deinem Dorf einen Hofladen?

B Gibt es in deinem Land Hofläden?

Ein Paket kommt an

1 Schau dir die Abbildung an. Wo ist das? Was macht die Frau? Mache dir Notizen.

2 Lies den Text. Markiere die Information, die zu dem Foto passt.

In Bonn-Auerberg gibt es ein großes Paketzentrum (Zustellbasis). In der Nacht bringen große Lastkraftwagen die Pakete. Am Morgen, gegen fünf Uhr, starten die Fließbänder. Die Pakete werden sortiert und zur richtigen Laderampe transportiert. Dort stehen Lieferfahrzeuge. Um 7.30 Uhr kommen die Paketzusteller. Sie scannen jedes Paket und laden die Pakete in das Lieferfahrzeug. Das dauert etwa zwei Stunden. Dann fährt jeder Paketzusteller in seinen Zustellbezirk in Bonn, zum Beispiel nach Oberkassel oder nach Bad Godesberg. Die Pakete werden direkt bei den Empfängern abgegeben. Der Paketzusteller klingelt an der Haustür, der Empfänger unterschreibt und bekommt das Paket.

3 a Schau dir die Filmleiste an. Markiere die Stationen im Text aus Aufgabe 2.

b Lies den Text noch einmal und ergänze die Lücken mit den Wörtern im Kasten.

-s Paketzentrum
-r LKW

-s Förderband
-s Paket

-e Laderampe
-r Paketzusteller
scannen

-r Zustellbezirk

-e Adresse
-r Empfänger

Der Weg eines Paketes

1. Nachts kommen ______________________ im Paketzentrum an.

2. Am nächsten Morgen werden die Pakete ______________.

3. Förderbänder bringen die Pakete zu den ______________________.
Die Paketzusteller ____________ die Pakete und ____________ sie in das Fahrzeug.

4. Der Paketzusteller fährt in den ______________________.

5. Der Paketzusteller bringt das Paket zur richtigen ____________.
Der ____________ unterschreibt.

scannen	die Pakete	Laderampen	Adresse
laden	sortiert	Zustellbezirk	Empfänger

Automobilindustrie in Deutschland

1 a Schau dir die Fotos an. Was siehst du? Kreuze an.

- ◯ ein Autorennen
- ◯ ein Automobilwerk
- ◯ eine Autobahn
- ◯ eine Autowerkstatt
- ◯ eine Landstraße
- ◯ eine Verkehrsstraße in der Stadt
- ◯ verschiedene Autos, die man in Deutschland baut

b Was weißt du über deutsche Autos? Mache dir Notizen.

____

____

____

____

____

c Ergänze den Lückentext mit den Wörtern aus dem Kasten unten.
Achtung: Nicht alle Wörter passen.

Im 19. Jahrhundert versuchen viele ________Ingenieure________, ein Fortbewegungsmittel zu konstruieren, das sich allein bewegt, also beispeilsweise keine ________________ mehr benötigt. Auch die beiden Deutschen Gottlieb Daimler und Carl Benz wollen ________________ entwickeln. Im Jahr ____________ bekommt Carl Benz das Patent für seinen „Motorwagen Nummer 1". Das ist das Geburtsjahr der deutschen ________________.

Pferde	Automobilwerk	2002	Bauern
ein Auto	1886	Automobilindustrie	~~Ingenieure~~

2 a Schau dir den Kartenausschnitt an: Welche Industrien findet man um Wolfsburg, Braunschweig und Hannover? Notiere.

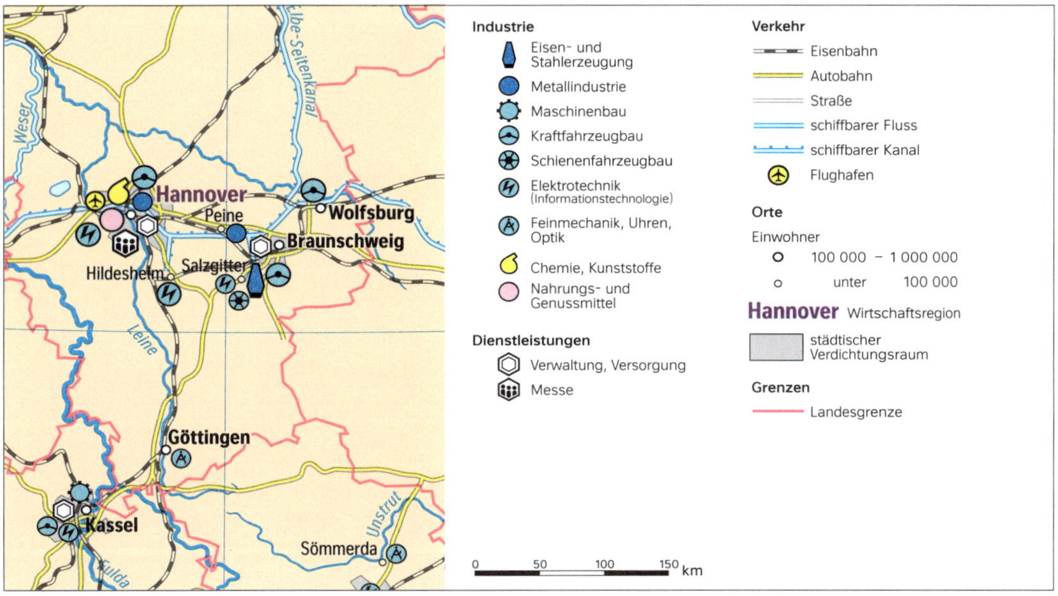

Welche Industrie findest du am meisten?

b Lies den Text über die deutsche Automobilindustrie und ergänze unten die Stichwörter.

Die Automobilindustrie ist eine sehr wichtige Branche in Deutschland. Einige sehr bekannte Automarken kommen aus Deutschland. Das heißt, die Unternehmen wurden im letzten Jahrhundert in Deutschland gegründet und sie haben hier ihren Hauptsitz. Daimler (mit der Marke Mercedes) und Porsche haben ihren Hauptsitz in Stuttgart. BMW hat seinen Hauptsitz in München und VW hat seinen Hauptsitz in Wolfsburg. In Deutschland werden aber an vielen Orten Autos oder Bauteile für Autos hergestellt.
Die großen Unternehmen bauen neue Werke oft an Standorten, die man gut mit dem Zug oder mit dem Schiff erreichen kann. Oder sie bauen neue Werke dort, wo sie gute Arbeitskräfte finden. Unternehmen, die Bauteile für Autos herstellen, suchen ihren Standort oft in der Nähe von großen Automobilfabriken. Die Firma Bosch beispielsweise produziert in der Nähe von Stuttgart Mikroelektronik für Autos. Wenn viele Unternehmen aus derselben Branche an einem Ort sind, dann sagt man dazu Ballungsraum.

Tipp: Markiere die gesuchte Information im Text.

- Autoindustrie: ______________________ Branche
- Beispiele für deutsche Automarken: ______________________
- Wichtige Standort der Automobilindustrie: ______________________
- Wichtige Kriterien für Standortwahl:

  1. Anbindung an Zug oder ______________________

  2: ______________________
- Ballungsraum: Viele ______________________

Verkäufer/in werden

1 Lies den Ausschnitt der Website und die Aussagen dazu. Kreuze an: Richtig oder falsch?

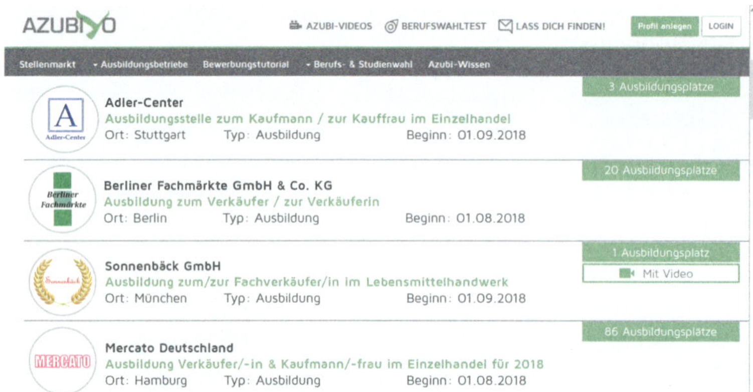
AZUBIYO
AZUBI-VIDEOS | BERUFSWAHLTEST | LASS DICH FINDEN! | Profil anlegen | LOGIN
Stellenmarkt | Ausbildungsbetriebe | Bewerbungstutorial | Berufs- & Studienwahl | Azubi-Wissen

Adler-Center — 3 Ausbildungsplätze
Ausbildungsstelle zum Kaufmann / zur Kauffrau im Einzelhandel
Ort: Stuttgart Typ: Ausbildung Beginn: 01.09.2018

Berliner Fachmärkte GmbH & Co. KG — 20 Ausbildungsplätze
Ausbildung zum Verkäufer / zur Verkäuferin
Ort: Berlin Typ: Ausbildung Beginn: 01.08.2018

Sonnenbäck GmbH — 1 Ausbildungsplatz — Mit Video
Ausbildung zum/zur Fachverkäufer/in im Lebensmittelhandwerk
Ort: München Typ: Ausbildung Beginn: 01.09.2018

Mercato Deutschland — 86 Ausbildungsplätze
Ausbildung Verkäufer/-in & Kaufmann/-frau im Einzelhandel für 2018
Ort: Hamburg Typ: Ausbildung Beginn: 01.08.2018

	richtig	falsch
1. Die Website ist für Schülerinnen und Schüler, die eine Ausbildung machen wollen.	◯	◯
2. Man bekommt Informationen, wie viel man verdient.	◯	◯
3. Man bekommt Informationen, wo die Ausbildungsstelle ist.	◯	◯
4. Man bekommt Informationen, wann die Ausbildung anfängt.	◯	◯

1.36

2 Lies die Aufgaben 1–5. Höre den Text von Seite 73 im Kursbuch noch einmal und kreuze die richtige Antwort an.

1. Du hörst ...
   - ◯ ... eine Radiosendung.
   - ◯ ... ein Fernsehinterview.
   - ◯ ... ein Gespräch zwischen zwei Freunden.

2. Kristina ist ...
   - ◯ ... eine Auszubildende.
   - ◯ ... eine Schülerin.
   - ◯ ... eine Verkäuferin.

3. Kristina hat ...
   - ◯ ... einen Hauptschulabschluss.
   - ◯ ... einen Realschulabschluss.
   - ◯ ... keinen Schulabschluss.

4. Kristinas Arbeitstag beginnt um ...
   - ◯ ... 06:00 Uhr.
   - ◯ ... 14:30 Uhr.
   - ◯ ... 16: 00 Uhr.

5. Kristina liebt bei ihrer Arbeit ...
   - ◯ ... das Auspacken von neuen Waren.
   - ◯ ... den guten Kontakt zu Kollegen.
   - ◯ ... die Gespräche mit den Kunden.

Praktikum

Max, Anna und Fatima aus Klasse 8 suchen einen Praktikumsplatz. Sie möchten gern in einer Boutique oder im Supermarkt ein Praktikum als Verkäuferin/Verkäufer machen.

1 a Lies zuerst die Tipps für Bewerber.

Verkäufer/in – Ist das ein Beruf für mich? Ein paar Tipps

Du solltest Verkäuferin werden, wenn ...

- ... du schnell mit dem Berufsleben anfangen willst.
- ... du immer gute Laune hast und freundlich bist.
- ... du viele unterschiedliche Arbeiten magst.
- ... du flexibel bist.

Du solltest auf keinen Fall Verkäuferin werden, wenn ...

- ... du nicht gerne mit anderen Menschen zusammen bist.
- ... du nicht den ganzen Tag stehen oder laufen willst.
- ... du samstags lieber selbst shoppen gehst, anstatt zu arbeiten.

b Welche Aussagen stimmen? Kreuze an!

- ◯ Die Ausbildung zum Verkäufer dauert nicht so lange.
- ◯ Verkäuferinnen haben nicht viele Aufgaben.
- ◯ Als Verkäufer sollte man Menschen mögen.
- ◯ Der Beruf ist körperlich anstrengend.
- ◯ Man muss auch samstags arbeiten.

Tipps zu anderen Berufen findest du zum Beispiel hier: www.ausbildung.de/berufe/

2 a Vergleiche die Tipps mit den Aussagen der drei Schüler. Wer kann Verkäufer/in werden, wer eher nicht? Begründe deine Wahl.

Anna: Ich bin gern mit Leuten zusammen – das macht mir Spaß. Den ganzen Tag rumzusitzen, das gefällt mir nicht. Ich stehe gern früh auf – auch samstags. Und dann lege ich los!

Max: Ich arbeite gern am Computer. Das ist gemütlich. Wenn ich den ganzen Tag herumlaufen soll, finde ich das doof.

Fatima: Samstags schlafe ich gern länger. Nach dem Frühstück in die Stadt gehen und ein bisschen gucken und einkaufen – ideal.

b Und du? Könntest du Verkäufer/in werden?

 KB ▸ S. 73

Unternehmen und Ausbildung

1 a Kennst du das Logo? Wo hast du es schon einmal gesehen? Notiere Stichwörter.

Deutsche Post

____

____

b Lies die Information über die Deutsche Post.

Die Deutsche Post ist ein großes deutsches Logistik- und Postunternehmen. Es hat seinen Firmensitz in Bonn. Im Jahr 2016 hatte die Deutsche Post insgesamt mehr als eine halbe Million Mitarbeiterinnen und Mitarbeiter. Die Deutsche Post ist also ein wichtiger Arbeitgeber in Deutschland. Bei der Deutschen Post kann man verschiedene Berufe lernen. Man kann zwischen praktischen Berufen und Büroberufen wählen.

c Schau dir die Abbildung an. Sie gibt Informationen zur Ausbildung bei der Deutschen Post. Beantworte die Fragen.

Schlage unbekannte Wörter nach!

OB BERUF ZUM ANPACKEN ODER IM BÜRO
HIER FINDEST DU DEINEN TRAUMJOB.

Bevorzugter Abschluss	Ausbildung zum Anpacken	Ausbildung im Büro
	• Fachkraft für Kurier-, Express- und Postdienstleistungen (m/w) • Fachkraft für Lagerlogistik (m/w) • Fachlagerist (m/w) • Berufskraftfahrer (m/w) • Mechatroniker (m/w) • Elektroniker für Betriebstechnik (m/w)	• Kaufmann/-frau für Spedition und Logistikdienstleistung • Kaufmann/-frau für Büromanagement • Kaufmann/-frau für Dialogmarketing • Immobilienkaufmann/-frau • Fachinformatiker (m/w) • …
Hauptschule	✓	
Mittlere Reife	✓	✓
(Fach-)Abitur	✓	✓

1) Welche zwei Arten von Ausbildung kann man machen?

___

___

___

2) Für welche der beiden Ausbildungsarten braucht man höhere Schulabschlüsse?

___

___

___

3) Kann man auch mit dem (Fach-)Abitur eine Ausbildung "zum Anpacken" machen?

___

___

___

4) Welchen der Ausbildungsberufe findest du am interessantesten?

___

___

___

3 a Informiere dich auf der Homepage der Deutschen Post über die Ausbildungsmöglichkeiten:
https://de.dpdhl.jobs/ausbildung

b Berichte in der Klasse.

Diese Redemittel können dir helfen:
Bei der Deutschen Post kann man ... Berufe lernen.
Die Berufe sind ...
Auch wenn man keinen Schulabschluss hat, kann man ....
Man kann sich ab ... bei der Deutschen Post bewerben.

Die drei Wirtschaftsbereiche

Auf den Seiten 74 und 75 im Kursbuch findest du Seiten aus einem Geografiebuch zum Thema „Dienstleistungen“. Die folgenden Übungen helfen dir dabei, diese Schulbuchseiten noch besser zu verstehen und einfacher bearbeiten zu können.

1 a Schau dir M1 an und lies die Texte. Ordne den Texten die richtigen Nummern im Bild zu.

Friseurin Nr. ___
Ich arbeite gern als Friseurin. Es macht mir Freude, die Styling-Wünsche meiner Kunden zu erfüllen.

Polizist Nr. ___
Ich bin bei der Polizei. Wir reiten mit Pferden durch die Stadt und fahren nicht mit dem Polizeiauto.

Taxifahrer Nr. ___
Ich fahre meine Kunden durch die Stadt, zum Beispiel zum Bahnhof oder zum Flughafen. Ältere Menschen bringe ich oft zum Arzt.

Postbote Nr. ___
Ich trage Briefe und Zeitschriften aus. Mit dem Fahrrad fahre ich von Haus zu Haus.

Altenpflegerin Nr. ___
Ich arbeite in einem Altenpflegeheim. Ich helfe den alten Menschen beim Waschen, Anziehen und Essen. Manchmal gehe ich auch mit ihnen spazieren.

Lehrerin Nr. ___
Ich unterrichte Deutsch und Geschichte an einer Gesamtschule. Die Arbeit mit jungen Menschen macht mir viel Spaß.

Alle diese Berufe sind Dienstleistungen. Was haben sie gemeinsam?

b Lies die Aussagen zu Dienstleistungen. Kreuze an, was zutrifft. Wenn du richtig angekreuzt hast, ergibt sich ein Lösungswort.

- In Dienstleistungsberufen hat man hauptsächlich mit Tieren zu tun. ○ Wirt
- Zu den Dienstleistungen gehören Berufe, in denen man mit Menschen arbeitet. ○ Dien
- Im Bereich der Dienstleistungen werden Produkte hergestellt. ○ stle
- Dienstleistungsberufe gibt es z. B. im Bereich der Bildung und der Altenpflege. ○ schaft
- Bei einer Dienstleistung tut jemand etwas für eine andere Person. ○ istu
- Im Dienstleistungsbereich hat man direkten Kontakt zu anderen Menschen. ○ ngen

Lösungswort: ___ ___ ___ ___ ___ ___ ___ ___ ___ ___ ___ ___ ___ ___ ___ ___

c Welche Dienstleistungsberufe gibt es in deinem Land? Schreibe auf (in deiner Sprache).

____

____

Schau dir die Abbildung M6 auf Seite 75 im Kursbuch an. Du siehst: Dienstleistungen gehören zum dritten Wirtschaftsbereich. Der erste Wirtschaftsbereich besteht aus Landwirtschaft, Bergbau, Forstwirtschaft und Fischerei. Zum zweiten Wirtschaftsbereich gehören die Industrie und das Handwerk.

2 Lies die Berufe im Kasten rechts. Schau im Wörterbuch nach, was sie bedeuten. Trage die Berufe aus dem Kasten in die richtige Spalte ein. Du kannst auch die Bezeichnungen in deiner Sprache ergänzen.

erster Wirtschaftsbereich	zweiter Wirtschaftsbereich	dritter Wirtschaftsbereich
Holzarbeiter	Dachdecker	Lehrerin

Landwirt Bergarbeiter
~~Dachdecker~~ Fischer
Förster Straßenbauer
Maurer
~~Holzarbeiter~~ Schreiner
Fabrikarbeiter
Polizist Taxifahrer
~~Lehrerin~~ Postbote
Frisieurin

Im Laufe der Zeit hat sich die Arbeit in den Wirtschaftsbereichen verändert.

3 a Schau dir die Grafik M3 auf Seite 75 im Kursbuch an. Ordne die Jahreszahlen aus der Grafik den Bildern und Textausschnitten aus M5 zu.

1. Maschinen erleichtern die Arbeit auf dem Feld. Immer weniger Menschen arbeiten in der Landwirtschaft.

Jahr: ______

3. Die meisten Menschen arbeiten auf dem Feld. Maschinen gibt es nicht.

Jahr: ______

4. Die menschliche Arbeitskraft wird in den Fabriken immer öfters durch Maschinen ersetzt.

Jahr: ______

b Schau dir M3 noch einmal an und vervollständige den Text.

Die Grafik zeigt, wie viele Menschen in den Wirtschaftsbereichen arbeiten. Es sind die Jahre 1850, ____________ und ____________ dargestellt.

1850 arbeiten über 50 % im Wirtschaftsbereich ____________.

1950 steigen die Wirtschaftsbereiche ____________ und ____________.

2014 arbeiten über 70 % im Wirtschaftsbereich ____________.

Nur noch wenige Menschen arbeiten heute im Wirtschaftsbereich ____________.

Bild- und Textquellen

Bildquellen:

Adam Opel AG, Rüsselsheim: 87; akg-images GmbH, Berlin: 62 Bild B (euroluftbild.de / Hans Blossey); alamy images, Abingdon/Oxfordshire: 48 (Miroslav Dakov); argum Fotojournalismus, München: 43 (Falk Heller), 44 (Falk Heller); AZUBIYO GmbH, München: 82; Bildarchiv Werner Bachmeier, Ebersberg: 4; Blickwinkel, Witten: 76 (G. Franz); Caro Fotoagentur GmbH, Berlin: 4 (Oberhaeuser); Colourbox.com, Odense: 22 (Monkey Business Images), 28, 43, 44, 48; Deutsche Post AG , Bonn: 84; Deutsches Jugendherbergswerk Landesverband Baden-Württemberg e.V., Stuttgart: 69 (www.djh-bad-wuertt.de); Dorscheid, Kathrin, Hamburg: 40; Druwe & Polastri, Cremlingen/Weddel: 4, 13; Fabian, Michael, Hannover: 14; Fotofinder GmbH, Berlin: 13; fotolia.com, New York: 4 (Christian Schwier), 6 (georgerudy), 8 (bildschoenes), 12 (Christian Schwier), 13, 13 (Martina Chmielewski), 13 (Jan Engel), 13 (Jan Engel), 14 (Viola F. Holtz), 14 (luckylight), 21 (Jürgen Flchle), 32 (georgerudy), 33 (Vadim Guzhva), 43 (milatas), 44 (milatas), 44 (Jan Engel), 44 (Jan Engel), 51 (Monkey Business), 51 (goodluz), 62 (Michael Urmann), 65 (JFL Photography), 65, 77 (atoss), 77 (C. Jung), 77 (H. van Vonno), 77 (imaGo Martin R), 77 (seen), 80 (daskleineatelier), 80 (Kara), 80, 82 (Robert Kneschke), 83 (Robert Kneschke); Hardy Berthold, Berlin: 40; Huber Images, Garmisch-Partenkirchen: 57 (Gräfenhain); IKEA Deutschland GmbH & Co. KG, Hofheim-Wallau: 13; Interfoto, München: 36 (TV-Yesterday), 84 (imagebroker/Hartmut Schmidt); iStockphoto.com, Calgary: 13 (IlexImage), 34 (Tempura), 43 (DGLimages), 44 (DGLimages), 57 (BondMatia), 65, 73 (Jacek27 - iStockphoto); Kruse, Wankendorf: 14; Landesmedienzentrum Baden-Württemberg, Stuttgart: 62; OKAPIA KG - Michael Grzimek & Co., Frankfurt/M.: 13 (Ernst Schacke/Naturbild); Panther Media GmbH (panthermedia.net), München: 51 (df. Schoenen), 62 (Monika Wendorf); Pauly, Friedrich, Erfurt: 4; Pelikan Vertriebsgesellschaft mbH & Co. KG, Hannover : 14; Picture-Alliance GmbH, Frankfurt/M.: 4 (dpa/Uwe Zucchi), 40 (dpa / Federico Gambarini), 48, 48, 48 (dpa/Peer Grimm), 48 (firo Sportphoto/BP), 49, 49, 49, 49 (Ulrich Baumgarten), 53 (dpa), 65 (Bildagentur Huber/R. Schmid), 69 (dpa/Maurizio Gambarini), 76 (Büttner), 83 (ZB); pixabay.com, Neu-Ulm: 14 (animated-heaven); plainpicture, Hamburg: 53 (Daniel Simon), 77 (Oote Boe); Schmidt, Marianne, Teningen: 72; Science Photo Library, München: 78; Shutterstock.com, New York: 48, 53, 70 (Iakov Filimonov); Stills-Online Bildagentur, Hamburg: 13; Süddeutsche Zeitung - Photo, München: 41 (Alessandra Schellnegger); Thinkstock, Sandyford/Dublin: Titel; ullstein bild, Berlin: 36 (Oskar Poss); UNICEF Deutschland, Köln: 43 (Brigitte Stark-Merklein), 44 (Brigitte Stark-Merklein); vario images, Bonn: 48 (J. Wolter); Wefringhaus, Klaus, Braunschweig: 69, 69; Willhardt, Jens, München: 53.

Textquellen:

S. 66: Ringelnatz, Joachim: Die Ameisen. In: Joachim Ringelnatz: Sämtliche Gedichte. Diogenes Verlag AG Zürich, 1977, S. 72